OECD Educational Research and Innovation
OECD 教育研究与创新系列

对标中国教育体系的表现

Benchmarking the Performance of China's Education System

OECD中国教育质量报告

经济合作与发展组织 编

侯浩翔 严凌燕 蔡群青 等译

上海教育出版社
SHANGHAI EDUCATIONAL PUBLISHING HOUSE

前　　言

在全球范围内，政策制定者、研究人员、学校领导和教育工作者都试图找到构建表现优异的教育体系（high-performing education systems）的关键。高水平的教育体系不仅可以满足父母、学习者和雇主的需求，而且可以确保国家乃至世界未来的经济发展、繁荣和福祉。国家领导者建设未来，没有比投资教育提高质量和提升国民素养更好的方法了。

然而，要回答表现优异的教育体系是什么样的以及如何建设的问题并非易事。同时，各国还要确保自己的教育体系为迎接未来做出并做好了充分准备。但未来社会的不确定性使得教育体系面向未来的能力建设成为几乎无法跨越的挑战。今天有助于形成高质量教育体系的能力，未必是明日社会所需的，对明日而言也未必具有可持续性。在瞬息万变的社会，教育体系如何帮助学生为未来的发展做好准备，并积极创造未来？

要回答这些问题，在各教育体系中确定可比较的测量维度尤其重要。通过收集现有的比较证据，我们可以将一个体系对标其他表现优异的体系。这便是本报告试图为中国教育体系所做的贡献。

中国拥有世界上规模最大的教育体系，中国拥有50多万所学校、2.7亿名学生和1 600多万名专任教师。中国教育体系也是近几十年来全球变化最快的教育体系之一。中国大力普及教育，提高办学质量，这些努力提升了教育体系的成效，为国家带来了社会和经济回报。同时，与世界上其他教育体系一样，中国也面临着一系列挑战，如城乡差距、学生分层、测评改革等。

经济合作与发展组织（Organisation for Economic Co-operation and Development，简称OECD）十多年来一直在测量中国的教育表现。从2009年起，上海代表中国参加OECD国际学生评估项目（Programme for International Student Assessment，简称PISA）。2009年和2012年，中国学生在阅读、数学和科学领域表现最为优异。2015年，继上海之后，北京、江苏和广东3个省(市)加入了PISA。2018年,另一个东部省份浙江也参加了该项目。在PISA的四轮评估中,这些地区中国学生的表现超过了其他教育体系的大多数学生。尽管参与PISA的省(市)不能代表整个中国,但各省(市)的规模相当于或超过不少OECD国家,北京、上海、江苏和浙江的总人口数超过1.83亿,高于法国和德国的总人口数。

然而,国际教育界对中国这一规模庞大、充满活力的教育体系仍然了解有限。是什么让中国教育体系表现如此优异?除了学生在PISA中的认知表现外,中国的学习环境质量如何?中国进行了哪些教学实践?效果如何?中国教育体系如何对学生、家长和其他利益相关者负责?

本报告旨在回答这一系列问题。它呈现了国际和国内两个层面的证据,依据中国教育的投入和产出,从多个维度审视中国教育体系。基于此,本报告较全面地展示了中国教育体系的图景,比较了中国教育体系与其他表现优异的教育体系。

本报告对中国与国际教育界均有裨益。首先,中国可以从与其他在PISA中表现优异国家的比较中探索自身教育体系的表现,这可能为中国未来教育的政策制定提供参考。其次,本报告有助于深化国际教育界对中国教育体系的理解,以推动全球对建立和维护表现优异的教育体系进行反思。

当今教育体系的优势是否足以使其为未来做好准备,尚有待商榷。表现优异容易衍生保守主义,从而规避风险,安于现状。这种对标工作可以通过接下来对中国教育体系为未来做好准备的研究进行完善和更新。这一研究应在当前的教育体系中辨别对未来教育具有可持续性的表现优异的指标,并确立能够反映教育体系拥抱变革与创新的指标。

安德烈亚斯·施莱歇尔 (Andreas Schleicher) OECD教育与技能司司长 OECD秘书处教育政策特别顾问	袁振国 东钱湖教育研究院院长

致　　谢

本报告是经济合作与发展组织同中国东钱湖教育论坛合作编写的,该论坛的工作人员提供了宝贵的指导。我们感谢东钱湖论坛团队的教育专家,特别是袁振国教授及其团队的沈伟教授和张薇教授。他们为提供本报告中使用的政策证据和实践给予了极大的帮助。

本报告的编写由 OECD 教育与技能司(Directorate for Education and Skill)的"教育未来准备指数"小组(Education Future Readiness Index team)指导。该项目由德克·范达默(Dirk Van Damme)领导,范达默撰写了第一章。第二章、第三章、第四章和第六章由熊梓吟起草。第五章由蒂亚娜·普罗基克-布鲁尔(Tijana Prokic-Breuer)起草,斯坦·韦尔默朗(Stan Vermeulen)提供了统计支持。本报告由朱莉·哈里斯(Julie Harris)编辑,并由亨利·皮尔逊(Henri Pearson)准备出版。马修·吉尔(Matthew Gill)和莱奥诺拉·兰什-斯坦(Leonora Lynch-Stein)在发布过程中提供了行政支持。

感谢 OECD 教育与技能司司长安德烈亚斯·施莱歇尔(Andreas Schleicher)、幼儿和学校部(Early Childhood and School Division)负责人尤里·贝尔法利(Yuri Belfali)、"教育未来准备指数"项目外部专家迈克尔·史蒂文森(Michael Stevenson)以及国家教育和经济中心(美国)[National Centre on Education and the Economy(United States)]首席执行官安东尼·麦凯(Anthony Mackay)提供的宝贵意见和反馈。感谢王珏和徐瑾劼在协调"教育未来准备指数"项目相关会议和活动方面给予的支持。

目　　录

纲要	1
第一章　主要发现	1
》优势	2
》挑战和需要改进的领域	5
》展望：可持续性和未来准备度	12
第二章　方法	15
》背景	16
》过程	18
第三章　学习环境	23
》概览	24
》教育路径	31
》财政资源	35
》人力资源	39
》基础设施和信息与通信技术资源	47
》学校氛围	50
第四章　课程与教学	63
》开发一个能让学生为未来做好准备的课程框架	64
》促进优质教学和学习实践	74

第五章　结果　　91
- 学生的认知学习结果　　92
- 学生的非认知结果　　100
- 阅读、数学和科学领域学习表现的公平　　110
- 决定教育表现的因素　　117
- 结论　　127

第六章　教育治理　　137
- 问责文化　　138
- 学校治理和学校自主管理　　153
- 紧急情况下的教育治理　　157

译后记　　165

图 目 录

- 图 2.1　示例：中国在 PISA 2018 X 指标上的表现在表现优异国家的分布中所处的位置　21
- 图 3.1　从 ISCED 0 到 ISCED 3 的中国教育体系结构　26
- 图 3.2　2008—2018 年上海托儿所数量变化　27
- 图 3.3　中国和选定的表现优异的教育体系中入学率的比较　28
- 图 3.4　2013—2018 年中国和选定的表现优异国家的初中总毕业率　30
- 图 3.5　中国高中阶段不同类型学校的学生入学率　30
- 图 3.6　2013—2017 年中国高中的入学率和毕业率　31
- 图 3.7　中国和选定的表现优异的教育体系中职业课程和普通课程参与情况的比较　32
- 图 3.8　2012 年按类型分列的 15 岁学生中获得职业生涯指导的学生所占百分比　35
- 图 3.9　2016 年选定的表现优异国家的国家教育机构支出　36
- 图 3.10　"并非多多益善"：2009 年 PISA 阅读表现和 2008 年学生支出　38
- 图 3.11　2019 年选定的表现优异的教育体系中教师的最高受教育水平　41
- 图 3.12　上海和选定的表现优异的教育体系中教师接受带教和入职培训情况的比较　42
- 图 3.13　上海和选定的表现优异的教育体系中教师参与持续专业发展活动情况的比较　43
- 图 3.14　上海和选定的表现优异的教育体系中班级规模和生师比的

		比较	45
》	图 3.15	上海和选定的表现优异的教育体系中教师工作时间和工资满意度的比较	46
》	图 3.16	中国和选定的表现优异的教育体系中出于教学目的使用信息与通信技术资源情况的比较	49
》	图 3.17	上海和选定的表现优异的教育体系中教师在多样化课堂中教学经验的比较	51
》	图 3.18	中国和选定的表现优异的教育体系中校园欺凌情况的比较	53
》	图 3.19	中国和选定的表现优异的教育体系中师生关系的比较	54
》	图 3.20	中国和选定的表现优异的教育体系中课堂纪律氛围的比较	55
》	图 4.1	中国 ISCED 1 和 ISCED 2 的课程设置	66
》	图 4.2	2015 年上海和其他表现优异的教育体系中在学校接受财经教育的学生所占百分比	71
》	图 4.3	上海和选定的表现优异的教育体系中教学实践的比较	75
》	图 4.4	2018 年选定的表现优异的教育体系中用于营造积极的纪律氛围的教学和学习时间	76
》	图 4.5	2018 年上海和 OECD 国家中报告自己"经常"或"总是"使用以上清晰教学实践的教师所占百分比	77
》	图 4.6	四个表现优异的教育体系中教师使用三种特定教学实践的情况	79
》	图 4.7	2018 年上海和 OECD 国家中报告自己"经常"或"总是"使用以上认知激活实践的教师所占百分比	79
》	图 4.8	上海和选定的表现优异的教育体系中教学测评实践的比较	82
》	图 4.9	2018 年上海和 OECD 国家中"同意"或"强烈同意"以上陈述的教师所占百分比	83
》	图 4.10	2013 年和 2018 年上海和其他选定的表现优异的教育体系中允许学生使用信息与通信技术完成项目或课堂作业的教师实践的变化	84
》	图 5.1	2018 年中国和选定的表现优异的教育体系中学生阅读、数学和	

图 5.2	2015 年中国和选定的表现优异的教育体系中学生阅读、数学、科学和合作问题解决表现的比较	96
图 5.3	PISA 2015 B-S-J-G(中国)和 PISA 2018 B-S-J-Z(中国)差异的瓦哈卡-布林德分解	97
图 5.4	中国和选定的表现优异的教育体系在 PISA 2015 科学子量表总体平均科学得分上的偏差的比较	99
图 5.5	中国和选定的表现优异的教育体系在 PISA 2018 阅读子量表总体平均阅读得分上的偏差的比较	100
图 5.6	2018 年中国和选定的表现优异的教育体系中学生的积极情绪和消极情绪的比较	103
图 5.7	2015 年中国和选定的表现优异的教育体系中学生动机、对竞争的态度与课业焦虑的比较	106
图 5.8	非认知技能与中国学生阅读、数学和科学表现的关系	107
图 5.9	中国和其他表现优异的教育体系中学生的非认知技能与阅读表现之间关系的比较	109
图 5.10	中国处于优势地位的学生和处境不利的学生的非认知技能与阅读表现之间关系的比较	109
图 5.11	2018 年中国和其他表现优异的教育体系中学生的阅读和数学表现的性别差异	111
图 5.12	2018 年中国和选定的表现优异的教育体系中社会和学业分层的比较	114
图 5.13	2018 年中国和选定的表现优异的教育体系中城乡学校学生在阅读、数学与科学领域的表现差距	114
图 5.14	2018 年中国和选定的表现优异的教育体系中学习普通课程的学生与学习职业课程的学生的表现差距	115
图 5.15	2018 年中国城乡学校学生阅读、数学和科学表现差距的瓦哈卡-布林德分解	116

(图 5.1 科学表现的比较 93)

- 图 5.16　2018 年中国处于优势地位的学生和处境不利的学生阅读、数学与科学表现差距的瓦哈卡-布林德分解　117
- 图 5.17　2018 年中国和新加坡学生阅读、数学与科学表现差距的瓦哈卡-布林德分解　124
- 图 5.18　2018 年中国和芬兰学生阅读、数学与科学表现差距的瓦哈卡-布林德分解　125
- 图 5.19　2018 年中国和选定的表现优异的教育体系中学生的每周平均学习时间　126
- 图 5.20　2018 年中国、新加坡和芬兰的学生每周学习时间与阅读表现　126
- 图 5.21　2018 年中国和新加坡的学生每周学习时间与阅读表现的关系及学习时间分布　127
- 附录图 5.A1　2018 年中国学生幸福感与阅读、数学和科学表现的关系　134
- 附录图 5.A2　2018 年中国和其他表现优异国家均值中学生幸福感与阅读表现之间关系的比较　135
- 附录图 5.A3　2018 年中国处于优势地位的学生和处境不利的学生幸福感与阅读表现之间关系的比较　135
- 附录图 5.A4　2018 年中国学生在 PISA 2018 三个领域表现的性别差异的瓦哈卡-布林德分解　136
- 附录图 5.A5　2018 年中国学习普通课程的学生和学习职业课程的学生在 PISA 2018 三个领域表现差距的瓦哈卡-布林德分解　136
- 图 6.1　2015 年选定的表现优异的教育体系中不同教育阶段的教师考核情况　139
- 图 6.2　上海和选定的表现优异的教育体系中教师正式考核的比较　140
- 图 6.3　2018 年上海和 OECD 国家教师所在学校校长报告其教师每年至少接受一次上述考核渠道正式考核的教师所占百分比　140
- 图 6.4　2018 年上海和 OECD 国家教师所在学校校长报告在正式教师考核中使用以上方法的教师所占百分比　141

- 图 6.5　上海中小学教师考核模式　142
- 图 6.6　上海教师职级制　143
- 图 6.7　中国和选定的表现优异的教育体系中使用学生成绩数据进行问责的比较　147
- 图 6.8　2009 年选定的表现优异的教育体系中小学和初中阶段学校督导的频率和结构　148
- 图 6.9　中国教育体系评估中的横向和纵向合作　151
- 图 6.10　2009 年选定的表现优异的教育体系中存在的国家监测情况　152
- 图 6.11　2015 年 B-S-J-G(中国)各参与主体的学校治理责任　154
- 图 6.12　中国和选定的表现优异的教育体系中学校自主管理与家长参与的比较　154
- 图 6.13　2015 年中国和 OECD 国家中就读于采取以上措施来提高家长参与度的学校的学生所占百分比　156
- 图 6.14　中国教育体系在新冠肺炎疫情期间如何发展提供在线学习的能力　159

表 目 录

- 表 2.1　对标教育体系的表现框架　16
- 表 2.2　本报告使用的证据及其来源　18
- 表 2.3　OECD 调研的中国地区　19
- 表 2.4　本报告中选定的表现优异的国家　21
- 表 3.1　《国际教育标准分类法》　25
- 表 3.2　2018 年中国和选定的表现优异的教育体系中的教师职业准入要求　40
- 表 5.1　2018 年中国和选定的表现优异的教育体系中学生生活满意度的比较　101
- 表 5.2　2018 年中国和选定的表现优异的教育体系中学生自我效能感与失败恐惧感的比较　104
- 表 5.3　教育中社会经济不平等的主要指标　112
- 表 5.4　以学生特征、学校特征、教师特征为选择系数对中国 PISA 2018 三个领域表现的教育生产函数 OLS 回归分析　118
- 表 5.5　以学生特征、学校特征、教师特征为选择系数对其他表现优异的国家和中国 PISA 2018 三个领域表现的交互作用进行教育生产函数 OLS 回归分析　120
- 表 5.6　以学生特征、学校特征、教师特征为选择系数对 B-S-J-Z（中国）学生非认知结果的教育生产函数 OLS 回归分析　122
- 附录表 5.A1　教育生产函数回归中包含的变量　134
- 表 6.1　向学校问责：三种问责方式　144
- 表 6.2　全球教育体系中的学校管理制度一览表　145
- 表 6.3　中国基础教育质量监测国家测评方案的要素　150

纲　　要

本报告测评了中华人民共和国（以下简称"中国"）教育体系的优势和需要改进的领域。它基于主要通过经济合作与发展组织（Organisation for Economic Co-operation and Development，简称OECD）教育调查收集的数据和资料，将中国教育体系和其他表现优异的教育体系进行对比。为了扩大证据范围，本报告还介绍了中国实施的最新政策和实践，以考察支撑中国教育体系的环境和机制。

本报告从四个主要维度审视了中国教育体系：学习环境；课程与教学；结果；教育治理。从这四个维度清晰地阐述了中国教育体系的投入和产出，全面展现了中国教育体系的质量。同时，本报告通过和其他表现优异的教育体系的比较，揭示了中国教育体系和其他表现优异的教育体系的共性与差异。这项测评的主要发现包括以下几点。

在中国，受教育机会有了很大提高，但某些教育领域仍需改善

近几十年来，中国各级教育的普及程度显著提高。整个国家基本实现了小学和初中教育的普及。然而，诸如幼儿教育和保育（early childhood education and care，ECEC）、高中职业教育（upper secondary vacational education）等领域仍有待充分发展。

中国家庭需要更多的幼儿教育和保育，尤其是对3岁以下的儿童。据估计，3岁以下儿童的幼儿教育和保育入园率不到10%，而OECD国家的平均入园率为33%。确保儿童有机会接受幼儿教育和保育，可以为未来的教育和社会经济发展作出贡献，也有可能提高父母在劳动力市场的参与度。

与普通学术课程相比，高中阶段的职业教育往往不那么受中国家长和社会的重视。研究表明，职业生涯指导是一种有效的方法，可以帮助学生确定职

业理想,并对他们的受教育过程作出负责任的选择。然而,根据2012年国际学生评估项目(Programme for International Student Assessment,简称PISA)的规定,在上海,学生仍然基本上无法获得职业生涯指导。

此外,中国有四种不同类型的职业学校,提供不同的学习机会,但不同职业学校的治理、管理、资格框架通常是分开的,这就增加了协调的困难。

高质量教学是上海教育体系的坚实支柱

上海的教师队伍素质是上海教育体系表现优秀的重要因素之一。优秀的教师在许多其他表现优异的教育体系中也很常见。

对教师的专业发展进行投入是实现优质教学和学习的途径之一。与大多数OECD国家的教师相比,上海教师往往能获得更多的带教和入职培训机会。研究表明,上海教师在入职初期参与入职培训活动对教师的自我效能感有显著影响。同样,上海教师参与持续专业发展(continuous professional development,CPD)的比例高于其他表现优异的教育体系,尽管与表现优异的国家的教师相比,上海教师参与持续专业发展的支持较少。

清晰地教学要求教师向学生讲授学科内容,帮助学生更好地理解,与其他表现优异的教育体系相比,上海教师更经常使用这一教学实践。例如,进行清晰的教学往往与学生在科学领域取得更好的成绩相关。同时,与其他许多表现优异的教育体系相比,上海教师还经常使用认知激活方法,这些方法被证明与PISA的数学成绩呈正相关。

中国高质量的学习环境造就了卓越的学习结果

北京、上海、江苏和浙江[以下简称B-S-J-Z(中国)]的学生在PISA三个领域(数学、科学和阅读)的成绩都远超其他表现优异的国家的同龄人。此外,与其他表现优异的教育体系相比,在B-S-J-Z(中国)教育体系中,表现不佳的学生比例较低,而表现优异的学生比例较高。

B-S-J-Z(中国)学生认知结果的优异表现在很大程度上应该归功于教师特征和学校特征。与其他表现优异的国家相比,B-S-J-Z(中国)的纪律氛围、教师专业发展和教师积极性对教育体系的正向影响更大。B-S-J-Z(中国)学生的学习时间与学生成绩呈正相关,但只限于一定程度。

在B-S-J-Z(中国),城市和农村地区学生的表现差异很大,尤其是在阅读和科学领域。与其他表现优异的国家的平均水平相比,B-S-J-Z(中国)的城乡表现差距更大。城市学校和农村学校在学生个体特征、同伴特征和学校特征上的差异,很大程度上解释了这种表现差距。

B-S-J-Z(中国)学生的生活满意度低于其他表现优异的国家。B-S-J-Z(中国)的15岁儿童经常感受到消极情绪,而在许多表现优异的教育体系中,这一比例较低。B-S-J-Z(中国)的学生具有很强的动机和较高的自我效能感,而他们的工作焦虑程度与其他表现优异的国家的同龄人相比处于中间水平。

在中国教育体系中,课堂环境是积极的和有利于学习的

与其他表现优异的教育体系的学生相比,上海学生更多地参与营造愉快的课堂学习氛围。积极的课堂纪律有助于上海教师减少课堂管理时间,增加教学时间。这有助于解释为什么与其他表现优异的国家相比,上海教师在课堂管理方面所花的时间最少,而在教学上花费的时间是最多的。

与其他表现优异的教育体系相比,在B-S-J-Z(中国),学生遭受欺凌的情况相对较少。在B-S-J-Z(中国)的学校里,学生和教师经常保持积极的关系。在B-S-J-Z(中国),教师为学生提供高质量的支持,这往往是许多表现优异的教育体系的共同特征。

在中国的课堂、学校和体系层面,我们看到一种强烈的问责文化

在上海的学校里,几乎所有的教师都接受正式考核(appraisal)。与其他表现优异的教育体系相比,上海学校用于教师考核的资源和方法更加多样化。上海学校建立了完善的教师考核体系及其对应的专业职级,这样既能有效地评估教师的素质,又能促进教师的专业发展。

与其他表现优异的教育体系相比,在北京、上海、江苏和广东,运用表现数据进行问责的现象相对较少。在中国,通过监管问责和基于表现的问责可以确保对学校的问责。以上海为例,广泛的专业合作活动提供了一种同行和公众问责教师的激励机制,这也促进了上海学校问责的发展。

为应对新冠肺炎疫情全球流行引发的教育突发事件,中国作为"早期反应

者"之一,迅速调集资源,提高教育治理能力。教育部 2012 年发布的《教育信息化十年发展规划(2011—2020 年)》为在疫情期间提供在线学习平台奠定了基础。教育部和信息与通信技术服务提供商之间的长期伙伴关系,有助于促进技术部门在新冠肺炎疫情期间提供教育服务。

第一章
主 要 发 现

本章总结了报告的主要发现,并整合到对中国教育体系的测评中。本章还包括进一步完善教育体系的一些建议。最后提出一个问题,即如何从优异的表现过渡到为未来做好准备。

在短短的几十年中，中国建立了世界一流的中小学教育体系，以适应国家卓越的经济和社会发展。这一成就在最近的全球教育史上是独一无二的。

本报告测评了中国教育体系的优势，并与世界其他表现优异的教育体系进行比较。它基于现有的比较证据，这些证据主要是通过 OECD 教育调查收集的。数据覆盖范围主要限于参与这些调查的一个或几个省（市）。因此，本报告提供的情况可能代表了一些较发达省市的教育现实，而在这个幅员辽阔的国家，其他地区的情况可能有所不同。

本报告也指出了一些需要进一步改进的领域。中国正致力于继续完善教育体系，促进国家未来的经济和社会迈向包容的知识型社会，提高人民生活质量。中国教育体系的优势之一是不断学习和改进。与过去相比，高质量的教育发展将是中国在不久的将来实现目标和抱负的关键。这需要加倍努力，在不断变化的环境中保持优势，同时管理变革流程，谋求进一步改善。

同时，教育必须为更长远的未来做好准备。今天的高质量并不能保证明天或后天的高水平。本报告为进一步的工作提供了一些建议，并反思了中国教育体系的可持续性和未来发展。

> **优势**
>
> 任何到中国学校参观的外国人，特别是来自欧洲或北美的外国人，都会立即感受到中国教育体系的主要优势：社会对教育和学习有相当大的投入，学生有很高的志向和积极性，教师的专业素质及其合作文化，注重学习的秩序井然的课堂，高质量的教学和优秀的学习结果。然而，大多数外国参观者可能会前往一个较发达的省（市），因此参观者和观察家的看法可能是有偏见的。中国其他地区的实际情况可能有所不同。尽管如此，中国教育体系的许多优势对其教育发展来说是系统性和基础性的，因此在中国其他地区也可能适用。

高度支持的社会生态系统

只有在所有利益相关者和合作伙伴都致力于将教育作为社会进步的引擎的环境中，优秀的教育体系才能蓬勃发展。当然，政府实施的政策很重要，但必须得到多数群体的支持，包括注重子女教育的家庭，希望通过教育确保自己未来获得良好发展的学生，以及有能力并值得信赖的教师和学校领导，这样才能得到理想的结果。这种社会支持和相互信任的生态系统可能是中国卓越教育的主要基础之一。它不是唯一的——在其他新兴经济体中，整个社会也表现出对教育的高度认可，并将其作为社会进步的引擎，特别是在亚洲——但是，这一思想基础在中国非常强大。教育的高社会价值创造了一个环境，所有利益相关者都有追求卓越的抱负，只有在这种环境中，目标远大的教育政策才可以成功。

高质量的教师队伍

在教育体系中，教师素质可能是解释中国卓越教育体系的最强有力的因素。OECD认定的能够对一支优秀的教师队伍起到促进作用的大部分因素，在中国均已存在。中国通过竞争性和选择性的机制来筛选从教意愿高、成绩好的学生进入教师队伍，接受职前培训。四年的教学训练加上必修的现场实习，确保了合适的职前培训。当获得教师资格并进入学校后，教师将获得适当的入职培训和带教指导。此外，在整个职业生涯中，教师都有机会获得定期和相关的专业发展培训，从而帮助他们发展克服新挑战所需的技能。

教师会定期接受评估和考核，并通过反馈机制来改进教学。简而言之，教师被视为专业知识工作者，致力于学生的学习和幸福感提升，并不断学习来提升自己。虽然大班额的工作条件有时具有挑战性，薪资也不是最高水平，但教师们的专业精神和奉献精神都很强。

尤其重要的是教师之间的合作专业主义文化（culture of collaborative professionalism）。教师合作加强教学实践，提供反馈，参与行动研究和实验。很少有国家能与中国教师之间的合作专业主义文化相匹配。

积极的学校氛围

解释中国教育体系卓越的另一个因素是积极的学校氛围。课堂秩序井然，教师报告的教学事故或中断很少。因此，教师的教学时间可以更多地花在教学和学习活动上，而在许多其他国家，包括表现优异的国家，过多的时间花在了课堂管理上。相对较小的教学负担使得教师有精力关注学生的社会需求，维持积极的师生关系。学生受到欺凌的风险相对较低，尽管学校之间在欺凌频率上存在差异，尤其是网络欺凌，这可能是一个需要仔细观察的问题。课堂纪律性相对较强,教师报告显示,学生为营造愉快的课堂学习氛围作出了贡献。学生表现出较高的自我效能感,他们的失败恐惧感更接近于一些欧洲国家而不是其他东亚国家。学生们有很高的志向和成就动机。与广泛流传的观点不同,中国学生只有中等程度的课业焦虑和考试恐惧。

适切的课程

中国教育体系的主要优势之一是课程均衡。世界上很少有国家在制定和定期更新学校课程框架方面与中国花费同样多的政治精力、时间和专业知识。课程开发的方法是高度集中的,只是最近才出现了一些地区和学校层面灵活性的趋势。然而,教师拥有并利用许多机会,通过专业团体和研究中心,为重要课程的发展作出贡献。这种方法保证了行动的透明度和一致性。最近的改革已经使课程朝着能力为本的方向发展,但没有像一些国家流行的那么夸张。认知基础和知识在课程中的作用仍然是坚实的,这在 PISA 结果中也是可见的。社会情感能力(social and emotional skills)、性格发展和伦理价值观也是课程的重要组成部分。身心健康以及学生的幸福感也被纳入其中,但在性教育方面存在一些明显的差距。

高质量的教学

在上海实施的 OECD 教师教学国际调查(Teaching and Learning International Survey,简称 TALIS)中的数据使人们对课堂内发生的事情一目了然。人们已经注意到,由于没有在课堂管理上花费很多时间,因此教师用于教学的时间相对较多。在上海的课堂教学中,教学质量和教师导向型教学(teacher-directed instruction)似乎非常重要。这些教学实践和教学法与数学、科学领域的较好认知学习结果相关。与其他表现优异的教育体系的教师相比,上海教师更频繁地使用认知激活策略(cognitive activation strategies),这也与较好的学习结果相关。

课堂教学、教学法的质量也与教学环境的循证设计和研究驱动设计的强烈导向有关。中国教育体系的研究强度很高,有从大学学术研究、教师培训应用研究到学校教师行动研究的强大体系支持。教育学是由科学支持的学习设计原则驱动的。

出色的认知和非认知学习结果

所有这些因素共同创造了一个丰富的教学和学习环境,使学生能够茁壮成长并取得较好的学习结果。对学生学习结果的现有测评证实了这一点。参加PISA测评的中国学生在数学、科学和阅读(略低)领域表现极佳。与其他表现优异的国家相比,中国的PISA结果显示,表现优异的学生所占比例也很高,而表现不佳的学生所占比例却很低。在PISA 2015测评的更具创新性和知识导向性较低的合作问题解决领域,在平均表现、高成就者比例和低成就者比例三个方面的结果并不令人印象深刻。在比较"科学"子量表时,中国学生在学科知识和科学解释现象方面表现异常出色,但在科学解释数据和证据方面稍显逊色。从中国学生取得的认知学习结果来看,中国教育体系确实是世界一流的体系。

虽然PISA不测评学生的社会情感能力,但它包含一系列与生活满意度和幸福感相关的自我测评指标。一方面,对生活感觉良好是大多数表现优异的教育体系中的一种现象,这表明所接受的教育质量与生活满意度同样相关。中国学生也不例外。针对学生的报告表明,与其他表现优异的国家相比,中国学生表达出幸福和快乐等积极情绪的百分比相对较高。另一方面,表达出悲伤、愤怒或绝望等消极情绪的学生所占百分比也相对较高。中等程度的课业焦虑似乎表明,这些消极情绪不一定源于学校,而是在一个快速变化和要求很高的社会中产生的。

一方面,幸福感、社会情感能力本身很重要,但它们也与认知学习结果呈正相关。学习动机、达成目标的意愿、设定学习目标的能力以及对学校的积极态度都与数学、科学和阅读领域的较好学习结果呈正相关。这种关系对处境不利的学生来说尤其强烈,他们似乎有决心和动力通过教育的成功来改善自己的生活。这种关系并非中国独有,在其他表现优异的教育体系中也可见到。然而,它是优秀教育的一个组成部分。另一方面,考试焦虑与认知学习结果呈负相关,在中国,考试焦虑在某种程度上比其他教育体系更为普遍。在动机、志向和竞争力与过度的考试焦虑之间取得平衡,似乎是一个重要的挑战。

挑战和需要改进的领域

即使是最好的教育体系也会面临挑战,一些领域的表现正在下降,一些表现良好的领域有望提升到"优秀"水平。这份对标报告指出了中国教育体系需要改进的几个方面。

数据

在讨论这些需要改进的领域之前,我们必须坦承,正如在编写本报告期间反复经历的,中国教育体系的网上数据资源可能不太容易访问。许多迹象表明,教育政策是以数据为导向,以证据为依据的。中国也开发了一套先进的学生追踪系统,追踪每个学生接受教育的进度。该系统的数据强度可能很高,覆盖范围广泛,令人印象深刻,但可访问的数据资源有待增加,提供给国际组织〔如联合国教科文组织(United Nations Educational, Scientific and Cultural Organization,简称 UNESCO)、世界银行(World Bank)和 OECD〕的数据比较基础。一些省(市)正在逐步加入 OECD 实施的国际数据收集工作,但正如本报告经常提到的,这些数据只反映了中国的部分情况。这使得国际对标测试存在一些困难。为此,强烈建议中国从以下两点着手:(1)在教育数据和证据战略中纳入公开的和可供国际获取的数据;(2)制定参与国际数据收集的战略。

体系结构和学习路径

首先来关注中国教育体系的总体架构,该体系的总体设计与国际通用惯例非常吻合。它是透明的,并且非常易于理解,没有不必要的复杂性。它会一直保持全面,直到初中(ISCED 2)结束开始分流,即高中(ISCED 3)分为普通的、学术导向的轨道和职业轨道。但是,这项研究表明,教育体系的两个方面在资源和政策关注上都还不够。一是幼儿教育和保育,二是中等职业教育。为了改善教育体系的结构并确保教育的可持续发展,这两方面都需要改进。

幼儿教育和保育,特别是为 3 岁以下儿童服务的早期教育,是中国整个教育体系的一个欠发达部分。中国早期教育的毛入园率远低于其他表现优异的教育体系。学前教育供给不足,难以满足需求,学前教育服务是由公共机构和私人机构共同提供的。私人机构提供学前教育的情况在其他许多国家也很普遍,但至关重要的是,要有足够的法规和监督来保证服务质量、员工资历和足够的学习机会。许多表现优异的教育体系已经认识到第一阶段教育的关键意义,并正在制定适当的政策来加强学前教育。中国在这方面尚有改进的空间。

在许多国家,中等职业教育也是一个遭受困境的教育阶段。父母、社会和政策制定者通常认为,职业教育要比为上大学准备的普通学术课程逊色得多,它的政策优先级较低,并且受到负面选择的影响。尽管本报告的目的并不是要对中国的职业教育领域进行深入评估,但许多迹象表明,许多国家的高中职业教育也存在类似问题。专门条款的碎片化程度很高,没有通用的质量标准。为了建立均衡的资格等级和适合中国经济及社会发展的技能水平,高质量的职业教育至关重要。知识经济不能仅仅建立在学历的基础上,而是需要在技能分配中发展成熟的中间层,为各种基本的技术和专业职业做好准备。发展良好的中等职业教育也可以缓解对高等教育的巨大需求和降低学术漂移①的风险。在许多表现优异的教育体系中已经证明,受过良好训练的中等职业教育毕业生的就业率要比未进入高等教育的普通教育毕业生高得多。

最近,中国政府已经认识到有必要加强职业教育。2019年,国务院和教育部开始实施职业教育计划,旨在扶贫和加快经济发展。随着时间的推移,该计划的实施应该能够加强国家的职业教育体系。

对一个运转良好的教育体系来说,关键在于学生能对他们的教育轨迹作出明智的选择。为此,许多表现优异的教育体系开发了职业培训和职业生涯指导服务,帮助学生确定他们的职业抱负,并确定开发其潜力的最佳选择。PISA 2012中上海的数据表明,当时这些职业咨询服务还没有向学生提供,现在可能已经不是这样了,因为正在采取措施,使学生可以随时获得这些服务。

入学和毕业

中国在实施义务教育和儿童入学方面取得了成功。初等教育的净入学率现在接近100%。但是,中国仍有一些地区,特别是在西部和农村地区以及移民等处境不利的群体中,尚未实现全部入学。初中的入学率也正在逐步提高,以实现全部入学的目标。在过去的20年中,初中全部入学取得了非常显著的进展,但是实现全部入学可能仍是一个挑战。

普及初中教育似乎暂时减缓了毕业率的上升速度。毛毕业率下降了,可能是因为合格学生的覆盖面扩大了。近年来,总毕业率已趋于稳定,但现在监

---

① "学术漂移"是指非大学的高等教育机构按照更接近大学"面目"的方式来确定其活动实践的一种趋势。在高等教育研究中,"学术漂移"一词描述了大学地位的吸引力及其对努力获得同样地位的非大学机构的影响。它还描述了使职业教育更加学术化的趋势。——译者注

测毕业和结业的变化情况很重要。确保每一个进入该体系的学生都有公平的机会获得对自己有意义的毕业资格，这仍然是一个重要的政策目标。

此外，还应注意高中入学率和毕业率的下降。① 鉴于人们对教育的高需求，很难理解为什么高中入学率在下降。目前尚不清楚高中入学考试（中考）是否对限制进入这些学校产生影响。扩大高中教育应该是中国的一个重要目标，以便建立一个平衡的技能发展标准。然而，要做到这一点，不仅要让学生进入高中，还要提高他们的效率，让年轻人以相应的资格完成中等教育。

很明显，学生在教育体系中的学习轨迹很大程度上取决于有抱负的学生所准备的高选择性的高考，尽管这不在本报告的范围内。中国的中产阶层对大学教育的需求正在迅速增长，尽管中国正在以历史上其他许多国家无法比拟的速度扩张其高等教育，但需求仍然远远超过供给。因此，选择是必要的。不过，很明显，这个过渡点在整个教育结构中的重要性太强了，它对学生、学生技能的重要性以及他们的幸福感都有着巨大的影响。提高高中教育的质量和可获得性，更具体地说，提高中等职业教育的质量和可获得性，可能会为大学学习提供有价值的选择。因此，这样做有助于减轻高考压力。

公平与多元性

全球许多教育体系，包括一些表现优异的体系，都在努力做到既优质又高效的公平。在教育的历史发展中，中国成功地建立了世界一流的教育体系，消除了仅对享有特权和处于优势地位的人群提供优质教育的风险。这是一个了不起的成就。尽管如此，中国教育体系的公平仍然面临一些挑战，值得关注。

第一个挑战是性别问题。本报告无法对中国教育体系中的性别不平等现象进行深入研究，但一些观察结果需要更多的研究。中国各地区的 PISA 阅读、数学和科学成绩的性别差异与其他表现优异的教育体系中观察到的不同。在三个领域（阅读、数学和科学），中国的性别平衡几乎比所有表现优异的教育体系中观察到的都要均衡得多。这本身是一件好事，因为它表明，与其他国家相比，中国学生在学习机会和学习结果方面的性别平衡上不那么不平等。对于中国与其他表现优异的国家在学习结果方面的性别差异，需要更多的分析。

---

① 该结果受到不同统计口径的影响。——译者注

关于社会经济和文化不平等，中国四省市参与PISA 2018的结果表明，家庭背景对教育成就的影响相对较小。平均表现与社会经济地位之间关系的斜率和强度都在其他表现优异的教育体系的均值附近。这意味着，和大多数其他表现优异的教育体系一样，与处于优势地位的学生相比，处境不利的学生获得良好学习结果的机会相对较低。然而，话虽如此，与作为本报告对标的表现优异的国家相比，中国处境不利学生的成就水平依然很高。中国处境不利学生所取得的教育结果，只有其他国家处于优势地位的学生才能实现。

中国教育体系中另一个重要的公平问题是学生的机会和学习表现存在城乡差距。本报告中分析的数据未涵盖中国西部较偏远和欠发达的地区。但是，即使是在可获得数据的较发达地区，城乡之间的差距也很大。即使在控制了学生的社会经济背景之后，PISA 2018的表现差距也比表现优异的国家大得多。这表明城乡学生之间的差距相当大。

有趣的是，处于优势地位的学生和处境不利的学生之间的表现差距、城乡差距在很大程度上可以归因于教师特征和学校特征。这表明，竞争性和纪律性更强的学校环境中的更高水平和更热情的教师，能够给城市中处于优势地位的学生授课。这一点尤为重要，因为这些因素对表现的影响很大，甚至比其他表现优异的教育体系的影响更大。确保高质量的教师在农村弱势学校中的分配公平，并鼓励在这些学校中建立激励性的学校环境，将是缩小城乡教育表现差距的关键。

与其他许多国家一样，中国教育体系也面临着应对课堂多样化的挑战。本报告没有机会研究移民对教育的影响，但是——尽管中国的移民模式与其他国家不同，特别是因为它更多的是国内移民而不是国外移民——移民和多样性与中国课堂中发生的事情的相关性可能正在增加。数据表明，许多教师还没有做好充分准备来应对日益多样化的课堂。上海教师报告，在组织良好的专业发展体系中，没有什么可以帮助他们更加熟练地处理多元文化课堂。同时，学校领导报告，他们很难找到有能力在这样的课堂环境中工作的教师。

分层

在某种程度上，教育中的公平差距与一个体系中学校和课程层面的分层程度有关。分层意味着学生被分成或多或少同质的群体。在高度分层的学校体系中,处境不利的学生与处于优势地位、表现优异的同龄人分隔开来,这可能会加剧社会经济背景下的表现差距。这里使用的"分层"一词与 PISA 报告中使用的方式相同,它并不意味着通过一种蓄意的策略来设置一种"分层"。它描述了由体系特征和学校、家庭及其他利益相关者的选择而导致的群体之间的系统分离程度。

中国教育体系的特点是高度竞争,首先是学生之间的竞争,其次是学校之间的竞争。这并不一定是一个问题,因为竞争在很大程度上也会提高表现。然而,当导致很大程度的分层时,不平等可能会取代卓越。中国 PISA 成绩的校际差异很大,且高于其他表现优异的教育体系的平均水平。这导致学生的高度分层和隔离。处境不利的学生和处于优势地位的学生是分开的,表现不佳的学生在不同的学校里比表现优异的学生多。

在一个基于"就近入学"原则的制度中,空间和居住区分层是不是会造成相对较高程度的校际分层,不属于本报告的研究范围。这需要更多的调查。

然而,相对较高的分层程度是一项重大的政策挑战。PISA 2018 的数据表明,在处境不利的学生比例较高的学校,校长更频繁地报告,存在阻碍高质量教学的物质基础设施问题。此外,在处境不利的学生较多的学校,生师比也较高。在教师和其他资源的分配上,应该优先考虑那些相对处境不利、表现不佳学生较多的贫困学校,让它们获得提高学习结果所需的资源和支持。

同时可以预期,中产阶层家长将要求解除"就近入学"的约束,以有利于实现一定程度的择校。去离家更远的地方就读更优质的学校的压力已经显而易见。这些要求是可以理解的,但需要制定政策,以确保在择校方面具有更大的灵活性,而不会带来更大程度的分层。

在向高中教育过渡的追踪机制中,尤其是普通教育和职业教育的分岔点,可以发现另一种分层。在这份报告中,无法收集到必要的数据来分析社会经济背景对高中入学考试(中考)成绩、普通课程和职业课程之间的跟踪机制以及择校的影响。然而,对 PISA 2018 数据的分析显示,普通教育和职业教育的学生之间的表现差距适中,比其他一些表现优异教育体系的差距要小,但比日本等国的差距更大。然而,当控制学生的社会经济背景后,表现差距并没有明显缩小,这说明表现差距与背景特征没有很强的相关性。

教学创新

清晰教学、认知激活和教师导向型教学是中国教学法的显著优势。它们很可能是教育结构中最重要的组成部分,有助于学生在认知学习结果方面取得优异成绩。然而,这种教学方法存在片面性的风险。TALIS 结果显示,上海教师不太倾向于使用任务式学习(task-based learning)和项目式学习(project-based learning),这两种学习方式较少由教师主导,更适合培养学生的能动性和批判性思维。在 21 世纪的经济和社会中,通过任务式学习和项目式学习活动来进行合作问题解决变得越来越重要。科学、研究和技术的创新需要良好的批判性思维能力。中国在 PISA 2015 的合作问题解决测评中表现平平,而这些教学实践在 TALIS 中的普及率较低,这表明这是中国教学需要改革和改进的一个重要领域。

中国学校主导的教育学取向与应试文化的盛行有关。除了选择性的国家考试之外,高风险的终结性评价是教育经验的重要组成部分。尽管有人试图逐渐转向形成性评价的文化,但应试文化很难改变。在上海,接受 TALIS 评估的教师报告,形成性评价的使用有所增加。减少终结性评价的影响,丰富评价手段,发展以批判性思维能力为导向的评价,是促进教学创新和教师专业发展的重要领域。

总体而言,就课堂创新而言,中国的 TALIS 结果相当可观。上海教师对教学创新和开发新的教学方法持开放态度。教师的高度专业化以及他们出色的职前培训和在职专业发展似乎激发了对教学创新的需求。

数字技术在中国的日常生活中无处不在,但令人惊讶的是,教育技术还没有真正成为中国课堂的主流。在与学校数字技术相关的一系列指标中,中国落后于其他表现优异的国家。对 PISA 和 TALIS 数据的分析表明,这不会对学习机会和学习结果的质量产生负面影响。上海教师在教学中使用数字技术的比例增长缓慢。然而,一个更系统化的教学创新策略——整合数字技术的使用,似乎是前进的方向。

治理和复杂性

中国的教育体系不仅是世界上最大的,而且具有高度的复杂性。许多中国教育体系的观察家似乎认为这是一个完全自上而下的驱动系统,地方政府和学校只是执行上级的决定。这不准确。与世界上许多其他教育体系一样,中国教育体系的治理方式也具有许多复杂性。

中央决策层很重要,因为它确定了改革的战略方向。该体系的许多品质是在体系中央进行谨慎的和基于证据决策的结果。中央的强大战略作用使整个体系具有整体的一致性和凝聚力。然而,地方教育政策的执行是由省市等地方政府的复杂决策来协调的,同时要考虑到区域和地方利益相关者的具体需要和利益。中国教育体系也允许学校领导进行一定的自主决策,让教师承担起自己的专业责任。在过去的几十年里,权力下放的改革趋势得到了加强。强有力的问责能够控制权力下放和学校自主管理可能带来的不利影响,同时也承认竞争对卓越的积极影响。

通过继续提升学校领导者的管理水平,可以进一步加强中国教育治理的积极作用。同时,学校体系可以使学生和家长在地方决策过程中有更大的发言权,并吸引外部伙伴,如雇主、文化利益相关者和当地社区代表积极参与学校事务。

展望:可持续性和未来准备度

中国教育体系的诸多优势为进一步的发展和完善提供了强有力的基础。正如本报告所强调的,该体系中的挑战意味着有若干改进的机会。中国在经济和社会发展方面的志向要求教育体系继续改进和创新。

然而,今天适合的东西,明天可能就不合适了。中国教育模式的可持续性是否有任何限制,其长期的未来准备是否能够得到保证,这些都是合理的问题。这些问题涉及许多其他有趣和具有挑战性的问题。一旦物质生活条件达到一定程度,社会流动性不再是家长和学生优先考虑的问题,社会对教育的高度承诺和信任会持续下去吗?数字技术和人工智能是否会从根本上改变教育在培养学生相关技能,并为他们就业做好准备方面的作用?消费文化和数字设备是否会从根本上改变年轻人的生活,并导致他们价值体系的根本转变?在反思中国教育的长期可持续性时,还需要提出这些以及更多的问题。

一个教育体系要为未来做好准备——意味着它既能应对未来的挑战,又能让学生为建设未来做好准备——必须对变革和创新开放。一个面向未来的体系不仅欢迎变革,而且积极寻求创新,以便让学生为未来做好准备,使他们能够创建未来。

中国的教育体系肯定有一些优势,可以让人相信它有能力做到这一点。优秀的文化、强有力的领导能力、根深蒂固的合作专业主义文化、行动研究和反思实践、学校和社区共同承担卓越的责任,这些都可能有助于满足为未来做好准备的条件。然而问题是,这些优势是否足够?这些优势是否会成为创新和变革的敌人?历史上有一些表现优异的教育体系的例子,比如20世纪上半叶的美国,它没有为未来的冲击做好充分准备,并且被证明过于自满,无法适应环境的迅速变化。就美国而言,其结果是在20世纪后半叶失去了竞争优势,并被迅速改进和更具创新性的制度取代。优势很容易变成自满和保守。

测评中国教育体系的未来准备度是一项困难的工作,不在本书的研究范围之内。然而,有些问题已经可以提出来进行进一步分析和研究。与中国过去几十年的社会经济总体发展相适应,中国的教育体系设计是循序渐进的,没有太多的干扰。彻底的改革和创新已经并正在进行,而且是在一个精心设计和监测的执行体系中进行的。问题是,这种创新和变革的方法是否为未来的冲击做好了准备?

更广泛地说,冒险可以被视为未来准备的必要组成部分。目前,学校领导和教师都表现出很高的专业自主性。这包括集体学习和在教育体系第一线发展学习文化的能力。为了提高体系的未来准备度,学习文化可以进一步发展成为一种冒险和创新的企业文化。同时,应鼓励体系的中间层,即省级和市级制定更具创新性的方法,包括允许学校领导和教师进行创新。

本报告对中国教育体系进行了全面的测评和对标。本报告有关中国教育体系的总体情况是非常积极的,同时还有几个领域需要进一步改进。另外,它还促使中国不仅反思目前的优势和劣势,而且对中国教育体系的未来准备情况提出问题。

第二章
方　　法

本章介绍了本报告的背景,并描述了用于开发对标测试的方法。本章讨论了收集证据、选择和制定指标、收集定性信息以及确定表现优异的国家对照组的过程。

基于最新的证据和数据,本报告对中国教育体系的表现进行了系统回顾。它将中国教育体系与其他在 PISA 2018 中表现优异的教育体系进行了比较。此对标测试的目的是在与 OECD 国家,特别是在与其他表现优异的教育体系的比较中,明确中国所处的位置。因此,我们将重点关注中国(不含港澳台)参与测试的统计指标和数据的分析与比较。本报告采用混合研究方法,结合定量和定性方法,目的是提供可比信息和深入的背景证据。定性方法是补充本报告中概述的各个方面的定量分析的重要工具。

> **背景**
>
> 本报告涵盖的教育体系范围是 ISCED 0(幼儿教育)至 ISCED 3(高中教育)[①]。鉴于中国教育体系数据的可用性,对标测试的重点放在基础教育,即 ISCED 1(小学教育)和 ISCED 2(初中教育)。由于教育体系的多维度性质,本报告将教育体系的表现分为四个维度:学习环境;课程与教学;结果;教育治理。在每个维度,确定决定此维度质量的关键指标。总的来说,这项测试涵盖了构成有效教育体系的四个维度中的 14 个基本子维度(见表 2.1)。

表 2.1 对标教育体系的表现框架

学习环境	学习路径和轨道	拥有经过精心设计的路径和轨道(如普通教育和职业教育),具备融合、多元、灵活的特点,避免由社会原因造成的分层,并提供了适当的学生指导。
	人力资源	向教育机构(学校)提供训练有素的卓越教师,并提供适当的薪酬和职业发展激励、工作条件、专业合作机会以及入职培训、带教和专业发展安排。
	财政资源	提供教育财政投入的门槛水平,以提高每位学生受教育机会的质量和公平。
	学校氛围	确保学校营造一种积极的学校氛围,促进学生学习,提升学生的幸福感,并减少学生的欺凌、逃学和不当行为。
课程与教学	教学和学习实践	提倡采用对学习质量和最终学习结果产生积极影响的教学和学习实践。

[①] ISCED 是《国际教育标准分类法》(International Standard Classification of Education)的缩写。

续　表

课程与教学	**课程框架** 为学校制定和实施培养学生更广泛和面向未来的能力，包括社会情感能力、数字技能、身心健康和幸福感、财经素养和道德规范的课程框架。
	变革能力 制定必要的课程规定，以鼓励学校和教育决策者发展学生组织，并使教育拥有应对未来的自适应能力。
结果	**受教育程度** 根据现有数据，在性别、流动人口状况和社会背景方面差距相对较小且排名前10%的国家中，教育达到高中水平。
	认知学习结果 能够公平、公正地实现和维持高水平的认知学习结果（精通阅读、数学和科学）。
	社会情感能力和幸福感 产生高水平的社会情感能力和幸福感，包括强烈的归属感和高生活满意度。
	教育愿景 鼓励学生发展远大的教育愿景，充分挖掘学生的潜能，并支持他们克服限制和障碍。
	外部结果 导致重大的外部经济、社会和文化结果，这些结果与个人以及更广泛的社区和社会都息息相关，包括健康、就业能力和人际信任。
教育治理	**问责** 创建有效力且由数据驱动的评估和问责文化，在课堂层面采用适当的测评方法，在学校层面采用合作评估方法，建立适当的督导和学校反馈体系以及体系层面的监测基础设施。
	治理 拥有有效的治理和政策基础设施，其特点是精心设计的职责分配、明确的政策目标、适当的实施策略和有效的监测机制。

理解在某些维度上有助于"良好"质量的因素可能比其他维度更不简单。例如，在学校氛围方面，人们一致认为校园欺凌会阻碍优质教育的实现。因此，校园欺凌指标可以直接解释为学习环境"好"或"坏"质量的一部分。但是，许多维度实际上更具动态性和复杂性，无法轻易直接捕获任何确定其质量是"好"还是"坏"的指标。

因此，本次对标测试的目的并不是要得出中国教育体系比其他国家的教育体系表现更好或更差的结论。而这亦是无法确定的，况且这对全球多样化教育实践的知识贡献甚微。相反,本次对标测试是为了展示中国教育体系在特定维度上与世界其他教育体系的不同或相似之处。对标测试深入研究了在中国广泛的教育背景下强调各维度表现的实践和政策,从而全面了解了指标值、政策和实践之间的相互关系。

过程

收集现有证据

对标测试主要针对国际层面的现有证据,主要包括两类证据。第一类是由国际机构收集来的官方数据,其中包括来自主要国际组织的数据库。在这种情况下,第一类证据来自中国参与的国际项目或调查,并且数据是公开可用的。本研究涉及的中国地区范围限于中国大陆地区,不含港、澳、台。

第二类证据,即中国官方公开的国内数据,也包括在这个对标测试中。国内主要数据来源是教育部在中国出版的统计年鉴。如果在国际上缺少中国的相关数据,则参考国内来源的数据,并使用国际计算方法进行转换(见表 2.2)①。

表 2.2　本报告使用的证据及其来源

证据类型	来源
国际组织的官方数据	联合国教科文组织-统计研究所(Institute for Statistic, UIS)数据库 OECD 教育体系指标(Indicators of Education Systems, INES)
国际调查和项目	OECD 国际学生评估项目(PISA) OECD 教师教学国际调查(TALIS) 《教育概览》(Education at a Glance)报告 《教育指标聚焦》(Education Indicators in Focus, EDIF)
国内的官方数据	统计年鉴 教育统计年鉴

对于包含或排除的现有证据,没有具体的时间跨度。在适用的情况下,使

---

① 当使用国内数据与国际来源进行对标比较时,计算方法将在注释中解释。

用最新的数据。

由于中国有不同的地区参与国际项目和调查,本报告认同中国地区的数据在来源报告或调查中的原始呈现方式,即特定地区由原始来源中显示的参与地区名称的首字母大写表示(见表 2.3)。由于中国仅有部分地区参与了国际项目和调查,对对标结果的解释并不代表整个中国教育体系的总体表现。

表 2.3　OECD 调研的中国地区

中国参与的 国际项目和调查	参 与 地 区	本报告中使用的 首字母大写缩写词
PISA 2018	北京-上海-江苏-浙江	B-S-J-Z(中国)
PISA 2015	北京-上海-江苏-广东	B-S-J-G(中国)
PISA 2012	上海	—
PISA 2009	上海	—
PISA 2006	上海	—
TALIS 2018	上海	—
TALIS 2013	上海	—

选择和制定指标

基于这一对标测试的概念框架,上述来源的现有指标(见表2.2)首先映射到四个主要维度:学习环境、课程与教学、结果和教育治理。然后,在对每个维度的指标进行更具体的审查之后,将指标进一步分为相应的子维度。例如,在学习环境维度中,与资源相关的指标可以分为财政资源和人力资源。

选择此对标测试指标的标准基于:

- **相关性和全面性**:指标必须与框架中概述的 14 个子维度的主题相关;选择这些指标是为了从全面的角度来涵盖每个维度。
- **可比性**:指标必须具有通过有效且透明的方法收集的跨教育体系的可比数据。
- **覆盖性**:指标必须包含有关中国(或其地区)教育体系的数据。如果有国内数据来源的等效数据,则包括该指标。

对原始国际来源中没有关于中国即时数据的指标,已经进行了进一步的尝试,以确定将这些指标最终纳入对标测试。首先,对国内来源提供的相应数据进行检索。如果数据可在国内获得并与国际计算保持一致,则将其用于对指标进行对标测试。如果国内数据使用的计算单位与国际计算使用的单位不同,则将努力使用计算该指标的方法换算国内数据。例如,首先从中国教育部获取有关中国低教育水平人均国家投入的数据,然后再按照《教育概览》中使用的相同方法进行计算[使用购买力平价指数(purchasing power parity index)将人民币转换为等值的美元]。如果国内数据的计算方法与国际来源指标使用的方法不同,并且无法将其转换为符合所选指标,那么该指标将被删除。

收集定性信息

定性数据提供了关于中国教育体系采取的政策和实践的深入信息,这是一种用于弥补这一对标测试中定量信息不足的基本资源。特别是,定性研究是在某些方面进行的,这些方面的性质难以量化,而且在国际上仍没有制定任何指标。例如,治理是动态的,并深深植根于文化背景之中,这很难通过定量方法进行评估。因此,在"教育治理"这一章,将关注关于政策和实践的定性信息,这些信息揭示了中国如何以不同于其他国家的方式治理其教育体系。

关于政策和实践信息的定性数据,主要通过案头研究和专家访谈来收集。

案头研究

根据对标测试的需要,涉及两类案头研究:(1)初步研究,对中国政府发布的政策和其他官方文件进行审查;(2)次级研究,审查已发表的研究和其他由可靠来源(如机构出版物、同行评审期刊等)发布的二次信息。

专家访谈

为了更深入地了解难以通过案头研究收集的政策和实践信息,对专家进行了访谈。这些专家包括研究人员、教授和主要决策者,他们正在研究和致力于中国背景下的相关教育课题。

通过上述研究活动收集的定性信息可以以文字形式呈现,也可以以表、图或专栏形式单独呈现,以提供比较分析以及特定政策和实践的实例。

确定表现优异的国家对照组

该对标测试使用的指标比较了中国在选定的表现优异国家的分布中每个指标上的值。表现优异的教育体系的选择是根据 PISA 2018 结果中所有领域的学生表现确定的。阅读、数学和科学领域的表现在统计上显著高于 OECD 均值的国家是本报告中选定的表现优异的教育体系（见表 2.4）。不包括中国大陆以外的中国经济体。

表 2.4　本报告中选定的表现优异的国家

本报告中选定的在 PISA 2018 中表现优异的国家	比利时、加拿大、丹麦、爱沙尼亚、芬兰、法国、德国、爱尔兰、日本、韩国、新西兰、波兰、新加坡、斯洛文尼亚、瑞典、英国

如果只有国家所属区域数据而不是国家数据，则将国家所属区域数据用于对标测试。在该地区名称后括注国家名称：例如，荷语区（比利时）。如果某个选定的国家没有某些指标的国家或地区数据，那么在计算这些指标时本报告将不包含该国。

表现优异的国家的分布主要突出三个基本值：选定的表现优异国家（不包括中国）的最小值、中间值和最大值。表现优异的教育体系的中间值，是在所有可用数据列出的表现优异国家的分布中心的值。每个维度都提供了一个分布图，用可用数据总结了关键指标。图 2.1 突出显示了中国在 PISA 2018 X 指标上的表现在表现优异国家的分布中的相对位置。

图 2.1　示例：中国在 PISA 2018 X 指标上的表现在表现优异国家的分布中所处的位置

将中国的表现在 PISA 2018 表现优异国家的分布中进行定位，可以看出中国在所有表现优异国家的分布中所处的位置。但是，较高的值并不一定意味着一个国家必然优于另一个国家，因为某些指标本身并不直接代表优秀。例如，生均国家支出指标并不意味着更高的投入会导致更好的教育体系。相反，需要将其与学生成绩和其他因素一起综合考虑。

本报告旨在强调中国教育体系与其他表现优异的教育体系相比所具有的不同的或相似的特征,从而为解释结果以及对表现优异的教育体系建设中各维度的动态相互作用进行有意义的讨论留下空间。

第三章
学习环境

本章通过与 PISA 2018 中其他表现优异的教育体系进行比较,考察中国教育体系中学习环境的质量。对学习环境的分析聚焦于:(1) 教育路径;(2) 财政资源;(3) 人力资源;(4) 基础设施和信息与通信技术资源;(5) 学校氛围。

概览

学习环境是教育体系的重要组成部分,它是开展教学和学习活动的整体性保障。学校环境涉及多层次因素(在课堂层面、学校层面、体系层面等)的相互作用。它不仅涉及教师和学生,而且还涉及大量行动者和背景因素,这些因素不断影响教学和学习的过程与结果。

教育中的学习环境的范围在广度和深度上都是全面的。横向上,它包含多个方面的学习资源(例如,财政资源、人力资源、基础设施和信息与通信技术资源)。纵向上,它包括学习环境的结构,如资源如何协调和分配,以及学习和教学如何组织,都对塑造学生的学习体验和结果至关重要。

鉴于可持续发展目标 4(提供包容和公平的优质教育,让全民终身享有学习机会),本章建议,学习环境需要为所有学生公平和有效地分配财政资源和人力资源。同样重要的是,在教育体系中动员学习者的学习途径应该是灵活多样的,使学生能够对他们的学习和未来的职业作出不受约束的决定。最后,在学习环境的基础上,确保让学生感到安全和支持的健康学校氛围,是构建高质量教育体系的基石。

本章首先简要介绍中国从 ISCED 0(幼儿教育)到 ISCED 3(高中教育)的教育体系。它总结了中国教育结构的特点,并重点介绍了中国各级教育体系的最新发展趋势。然后本章从学习环境的五个关键维度考察了中国的表现:(1)教育路径;(2)财政资源;(3)人力资源;(4)基础设施和信息与通信技术资源;(5)学校氛围。

中国教育体系概况

国际社会开发了一种广泛使用的工具,以比较和统一的方式来汇总和呈现来自不同教育体系的数据,这就是《国际教育标准分类法》(International Standard Classification of Education, ISCED)。ISCED 提供了一个统计框架,对教育和学历的类型和层次以及教育计划一起进行分类。尽管各个国家提供了各种不同的教育计划,但 ISCED 还是提出了一个共同的框架,该框架可以对教育体系的表现进行国际对标。本报告采用 ISCED(2011 年版)对中国教育体系提供的教育水平和类型进行了分类。同样,ISCED 也适用于为本报告确定对标的其他教育体系。本报告的范围是从 ISCED 0 到 ISCED 3(请参阅表 3.1 的 ISCED 0 至 ISCED 3)。

表 3.1 《国际教育标准分类法》

《国际教育标准分类法》方案 (ISCED - P)	ISCED 0	幼儿教育
	ISCED 1	小学教育
	ISCED 2	初中教育
	ISCED 3	高中教育

资料来源:UNESCO (2011), *International Standard Classification of Education* (ISCED) *2011*, http://www.uis.unesco.org(accessed on 18 February 2020).

中国是世界上学龄儿童人数最多的国家。中国教育体系为 2.7 亿学生提供教育服务,全国有 1 600 多万名专任教师和 50 多万所学校(教育部,2018)。各级各类教育的学生数逐年增加,相应扩大了中国教育体系的规模。随着教育体系的不断扩大,中央政府不断将提供教育的责任和权力下放至下级政府。在大多数地区,省级教育主管部门负责教育治理和实施。

自 2006 年以来,中国教育体系对所有学龄儿童实施了九年义务教育。九年义务教育包括六年小学教育和三年初中教育。最近,中国一些发达地区正在推行十二年义务教育,其中包括三年高中教育,但是这尚未扩展到国家层面。儿童开始接受教育的法定年龄为 6 岁。在 6 岁之前,父母可以让孩子接受正规的幼儿教育,但这不属于义务教育。

完成初中教育后,学生必须参加高中入学考试(中考),才能接受高中教育。高中教育课程有两个主要学习轨道:普通教育课程和职业教育课程。在职业教育课程的框架下,为不同的学习者和培训目的提供了四种主要类型的学校:(1)普通中专;(2)成人中专;(3)职业中专;(4)技校(见图 3.1)。

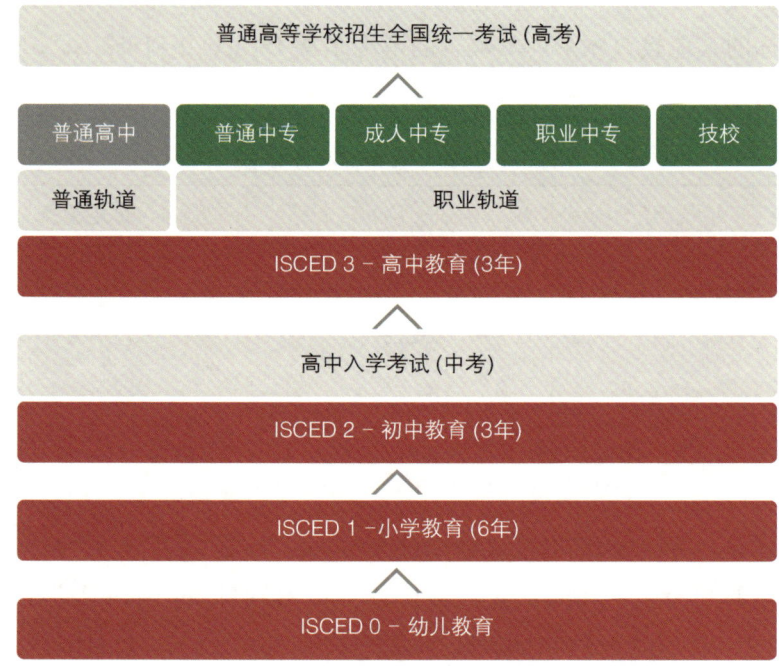

图 3.1　从 ISCED 0 到 ISCED 3 的中国教育体系结构

资料来源：Authors' own work，based on OECD（2019a），*China: Overview of the Education System*，https：//gpseducation.oecd.org/；National Center on Education and the Economy（2020），*Shanghai-China: Learning Systems*，https：//ncee.org/.

专栏3.1　本报告中使用的关键术语定义

净入学率： 用某一特定教育水平的学生总数占该年龄组总人数的百分比表示。本报告在净入学率数据公开的情况下，采用净入学率来表示中国教育体系的学生参与情况。

毛入学率： 不考虑年龄，用某一特定教育水平的学生数占同一教育水平的官方学龄人口数的百分比表示。对于高等教育，使用的人口是从正式中学毕业年龄开始计算的五年年龄组。如果未确定净入学率数据，则本报告将提供毛入学率来考察中国的学生参与情况。

总毕业率： 不考虑年龄，用某一特定水平或课程的毕业生数占同一教育水平或课程的理论毕业年龄的人口数的百分比表示。本报告主要考察了目前中国学生完成学业的总毕业率。

> **性别平等**：在教育中实现性别平等意味着相同比例的男孩和女孩——相对于其各自的年龄组——将进入教育体系并参与其不同的周期。
> **性别平等指数(gender parity index, GPI)**：特定指标的女性与男性值的比率。
>
> 资料来源：UNESCO Institute for Statistics (2020c), *Methodology: Glossary*, http://uis.unesco.org/en/glossary.

需要为 3 岁以下儿童提供更多的幼儿教育服务

在中国，针对 6 岁以下儿童有三种幼儿教育和保育形式：托儿所(0—3 岁)；幼儿园(3—6 岁)；学前班(5—6 岁)。

部分受 20 世纪 70 年代以来中国教育体系市场化发展以及出生率下降的影响，过去 30 年，不论是国有还是集体性质的托儿所数量都存在下降趋势(上海的例子见图 3.2)。

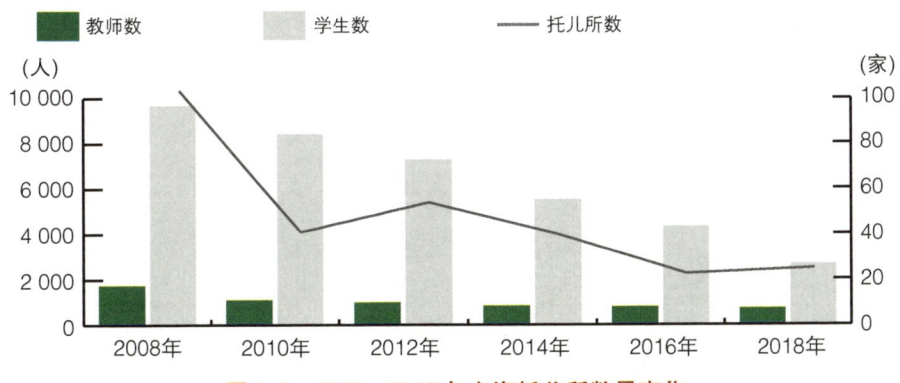

图 3.2　2008—2018 年上海托儿所数量变化

资料来源：上海市经济社会发展统计数据库(2008—2018)，*2008—2018 年上海教育统计年鉴*. [2021-03-10]. https://data.cnki.net/area/Yearbook/Single/N2010010076? z=D09.

幼儿园的入学人数每年都在增加，在过去十年中，幼儿园数量翻了一番(教育部，2020)。在中国，幼儿园在提供幼儿教育服务中起主导作用。然而，由于幼儿园主要接收 3 岁以上的儿童，目前的中国家庭对 3 岁以下儿童的幼儿教育和服务仍存在巨大需求。一份报告显示，超过三分之一的中国家庭表示有这样的需求(国务院妇女儿童工作委员会，2017)。B-S-J-G(中国)ISCED 0 阶段的学生的平均受教育年数低于许多表现优异的国家(见图 3.3)。

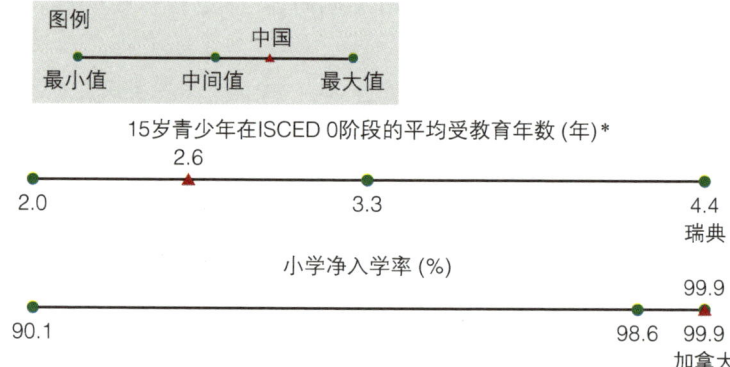

图 3.3 中国和选定的表现优异的教育体系中入学率的比较

资料来源：*数据仅限于中国四个地区：北京、上海、江苏和广州。
ISCED 0 是幼儿教育发展和学前教育。

资料来源：Authors' own work, based on OECD (2016b), *PISA 2015 Results* (*Volume* Ⅱ)：*Policies and Practices for Successful Schools*, PISA, OECD Publishing, Paris, https：//dx.doi.org/10.1787/9789264267510-en; UNESCO Institute for Statistics (2020b), *Education: Gross Graduation Ratio* (*database*), http：//data.uis.unesco.org/.

在 OECD 国家,0—2 岁儿童的幼儿教育和保育入园率平均为 33.2%。在中国,这一比率低于 10%(国务院妇女儿童工作委员会,2019)。针对 3 岁以下儿童幼儿教育和保育资源供应不足的情况,可能会提高母亲因照顾孩子而放弃工作的可能性(OECD,2017)。尽管中国在 2016 年实施二孩政策,但最近一项最新研究显示,限制中国父母决定生二孩的首要因素是儿童保育照护资源供给不足(洪秀敏,2020)。

幼儿教育在中国属于非义务教育。中国政府采取公立私立并举的方式来发展幼儿教育事业。近 30 年,私立幼儿园获得了长足发展,并为接近 50% 的 ISCED 0 阶段的儿童提供了教育服务。而这与大多数 OECD 国家的情况是一致的。在 OECD 国家,58% 的儿童就读于私立幼儿教育服务机构。在政府采取有效的教育质量监管措施下,私立幼儿教育和保育机构的兴起可能会扩大儿童的受教育机会,并为家长提供更多样化的选择(OECD,2017)。

小学的入学率很高

小学教育属于义务教育,为期 6 年。开始接受小学教育的年龄是 6 岁。随着《中华人民共和国义务教育法》的出台以及中国对由联合国教科文组织领导的"全民教育"运动的承诺,小学教育在实现普及学龄儿童入学方面取得了长足的进步。在过去的 20 年中,小学学龄儿童的净入学率从 1999 年的 97.8% 上升到 2018 年的 99.9%(教育部,2019)。2013—2018 年,女性和男性在接受小学教育方面实现了平衡,性别平等指数保持在 1(UNESCO Institute for Statistics,2020a)。

要让儿童接受小学教育,父母必须遵守"就近入学"的原则,这意味着儿童不能到"户口"(中国的户口登记制度)所在地之外的学校上学。尽管普及了小学教育,但经济发达地区和欠发达地区之间仍然存在教育不平等现象。例如,2017 年,全国净入学率达到 99.9%,但东部发达地区与西部欠发达地区之间仍存在差异。北京、上海、江苏和浙江等地的入学率高于 99.9%,而西部、内陆地区(如甘肃、青海、四川和西藏)的入学率通常低于 99.9%(教育部,2018)。

初中教育的完成速度在减缓[①]

与许多 OECD 国家一样,中国的初中教育持续 3 年,这是中国义务教育的最后阶段。接受初中教育的儿童的平均年龄为 12—15 岁。一般来说,初中是非选择性的和免费的,学生可以根据"就近入学"的方式入学。这种方式将来自同一社区的学生分组在一起,这在一定程度上为每个学生带来了平等的学习机会,而不论学生的特点如何。然而,由于不同地区的教育质量差异很大,越来越多的家长选择投资学区房,因为那里有更好的教育资源。

自 1990 年以来,由于接受初中教育的机会大大增加,初中毛入学率从 1999 年的 66.7% 增长到 2018 年的 100.9%(教育部,2020)。然而,初中总毕业率从 2013 年的 97.98% 下降至 2018 年的 86.01%(UNESCO Institute for Statistics,2020b)(见图 3.4)。

毕业率是衡量教育体系产出质量的关键指标。毕业率的降低可能与社会经济状况、性别和地理差距等相关背景因素有关,这需要进行更深入的分析来

---

① 该结果受到不同统计口径的影响。——译者注

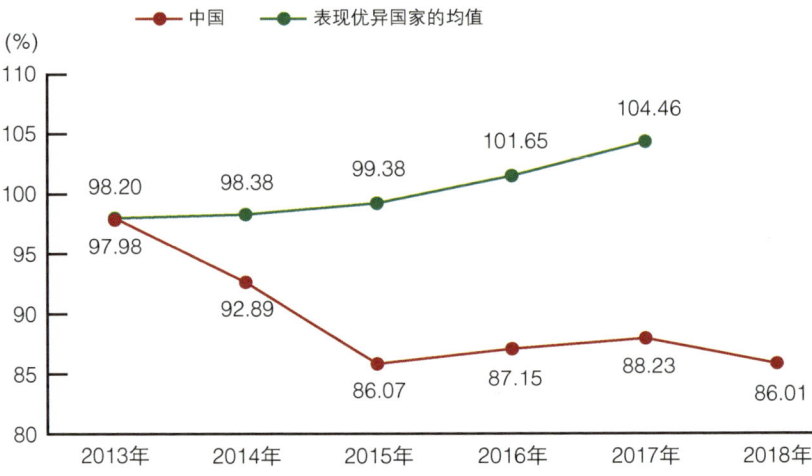

图 3.4　2013—2018 年中国和选定的表现优异国家的初中总毕业率

资料来源：Authors' own work, based on UNESCO Institute for Statistics (2020b), *Education: Gross Graduation Ratio* (*database*), http：//data.uis.unesco.org/ and sources listed in Chapter 2 (Methodology).

检验其原因。

高中的入学率和毕业率在下降

在中国，高中教育属于非义务教育。接受高中教育的年龄范围是 15—18 岁(3 年)。与许多国家一样，中国向学生提供的高中教育有两种主要途径：一种是普通教育课程，学生可以在其中学习一般的知识、技能和能力；另一种是职业教育课程，为学生提供直接从事特定职业的准备。中国的学校体系采用差分流的方法，学生被分流到不同类型的学校接受教育。

如上所述，职业教育由四种针对不同学习者和学习目的的职业学校提供：(1) 普通中专；(2) 成人中专；(3) 职业中专；(4) 技校。普通中专往往是最受欢迎的职业教育选择(见图 3.5)。

要进入高中阶段，学生首先需要从初中毕业，然后参加高中入学考试(中考)，这是一项确定学生

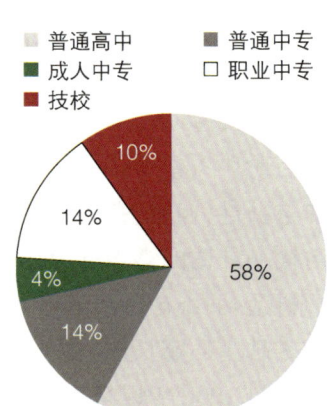

图 3.5　中国高中阶段不同类型学校的学生入学率

资料来源：教育部 (2020)，*2019 年全国教育事业发展统计公报*. 2020-05-20 [2021-03-05]. http://www.moe.gov.cn/jyb_sjzl/sjzl_fztjgb/202005/t20200520_456751.html.

入学资格的全国性考试。普通教育领域的学生入学率通常高于职业教育领域。在2018年,60%的高中学生参加了普通教育课程,40%的学生参加了职业教育课程。尽管如此,在过去几年中,高中的入学率和毕业率都在下降(见图3.6)。①

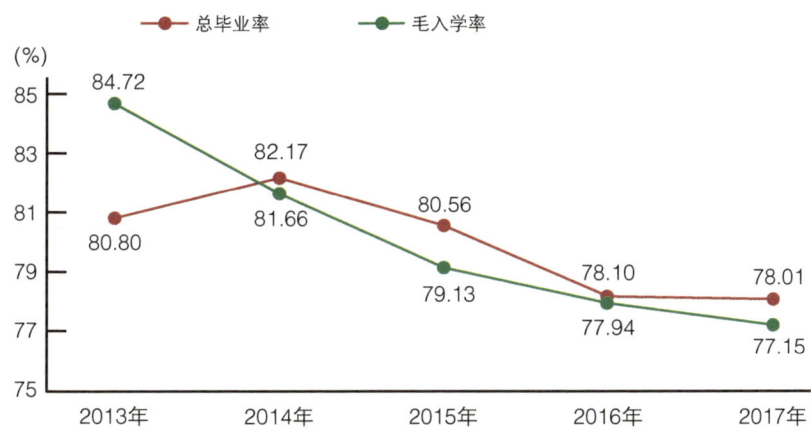

图3.6　2013—2017年中国高中的入学率和毕业率

资料来源：Authors' own work, based on UNESCO Institute for Statistics (2020b), *Education: Gross Graduation Ratio* (database), http://date.uis.unesco.org/.

教育路径

确保每个学生都有平等的机会接受优质教育是当今教育体系的基本目标。为了满足学生不断增长的多样化学习需求,教育体系需要为学生提供灵活多样的路径,使他们能够方便地进入相应的学校系统接受教育。同时至关重要的是,避免由社会原因造成的分层,而这种分层可能因为设计不当的学习轨道而长期存在。

强大的教育体系应提供多样化的学习路径,以满足学生的不同学习需求。在当今世界,由于高中的学生构成日益多样化以及劳动力市场的多样化需求,教育计划的多样化在当今世界变得越来越重要。尤其是在世界面临着不断变化和不确定性的情况下,学习路径的多样化是一项关键策略,旨在为所有热衷于发展知识和技能以促进其终身发展的公民提供优质的教育机会。例如,可以从2007—2008年金融危机中吸取经验教训,奥地利、德国和瑞士这些实行

---

① 其原因在于参与中等职业教育的学生数增加和人口出生率的相对下降。——译者注

双元制职业教育的国家的青年人在陷入困境的全球劳动力市场中更有能力保住自己的工作(OECD,2018a)。

学习路径的灵活性是定义强大教育体系的另一个突出特征。灵活的学习路径可以降低学习者追求学习目标的成本和阻碍,对培养终身学习具有深远的积极影响。鉴于当今世界工作和生活方式的迅速变化,建立灵活的学习路径对适应和调节学习是必不可少的。例如,越来越多的成人学习者要求学习系统足够灵活,以使他们能够访问、参与和完成学习,而又不会与他们的工作和生活产生强烈冲突。同时,提供灵活的学习路径是减少由社会原因造成的聚集的关键,这使学生有足够的机会跨越和通过不同的学习路径(如普通教育/职业教育),而不论其社会经济背景如何。

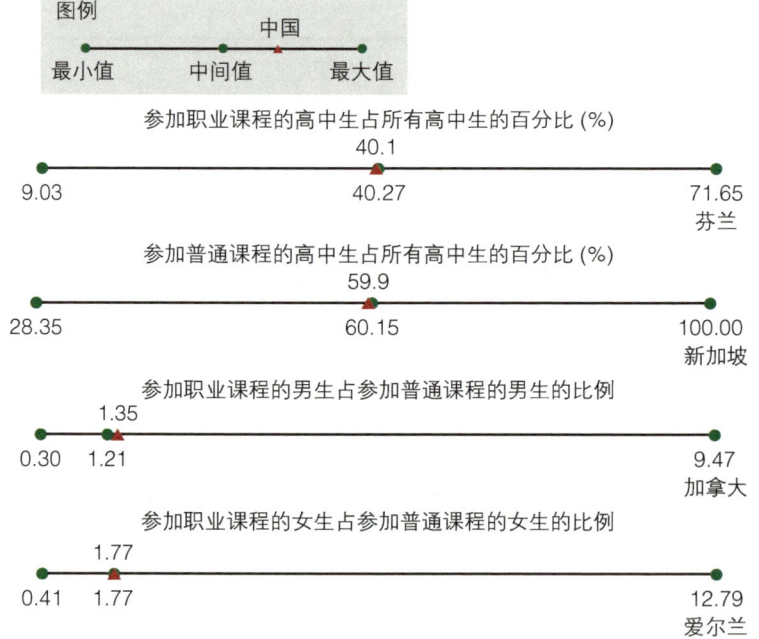

图 3.7 中国和选定的表现优异的教育体系中职业课程和普通课程参与情况的比较

注:"参加职业课程的男(女)生占参加普通课程的男(女)生的比例"是用参加职业课程的男(女)生的比例除以参加普通课程的男(女)生的比例来计算的。结果小于 1 意味着更多的男(女)生进入普通课程;结果大于 1 意味着更多的男(女)生进入职业课程。

资料来源:Authors' own work, based on UNESCO Institute for Statistics (2020b), *Education: Gross Graduation Ratio* (database), http://data.uis.unesco.org/.

教育路径的多样化

对于完成义务教育的学生,有两种相同的学习轨道(普通教育和职业教育)。普通教育学习轨道是以学术为导向,为学生进入下一阶段的高等教育做好准备。在普通教育领域,分为文科和理科两条学习路径,包括不同的学科领域。文科以人文为本,学生可以在其中学习历史、政治和地理。理科面向科学,涉及物理、化学和生物。对于学习艺术或体育的学生,他们可以选择文科或理科,同时学习艺术或体育等特定内容。

在中国,职业教育的入学率通常低于普通教育。在许多 OECD 国家中,职业教育被当作一种为满足社会和经济发展需要而培养高技能劳动力的有效策略。在中国,职业教育课程主要由四种类型的学校提供:(1)普通中专;(2)成人中专;(3)职业中专;(4)技校。除专门用于成人教育的成人中专外,其余类型的职业学校都面向学龄人口。这些学校之间最显著的区别是管理机构和颁发证书的机构不同。

这四种类型的职业学校涵盖了职业学习的各个领域。一般而言,提供给学生的职业专业有 270 个,大致可分为以下几个领域(Kuczera and Field,2010):

- 农业与林业
- 资源与环境
- 能源
- 土木工程和水利工程
- 制造业
- 运输
- 信息技术
- 医学与健康
- 商业、贸易和旅游
- 金融与经济学
- 文化、艺术和体育
- 社会和公共事务
- 其他

尽管政府在政策层面上鼓励实行校企合作的职业教育方案,但是仍然没有足够的指导来明确基层的职业学校在这方面应该做什么以及如何做。实际上,在全国范围内,关于校企合作职业方案的质量标准和指导似乎很少。由于一些校企合作的职业教育方案主要依赖于学校与当地雇主之间的谈判(Kuczera and Field,2010),这类程序的执行可能缺乏适当的规划和科学结构,这可能会限制学生的学习经验。

教育路径的灵活性

关于普通教育,学生可以在文科和理科之间进行选择,最终参加相应的高等教育入学考试。在高中的三年教育中,如果学生发现他们的首选不适合,他们可以在文科和理科之间切换。但是,一旦学生遵循特定的路线,就必须参加相应的高等教育入学考试,以使他们能够报读特定专业领域。某些专业领域仅对学习理科课程的学生开放,例如物理、化学和天文学。同样,某些专业领域,例如文学和历史学,为文科方向的学生提供了大部分的学习机会。

从普通教育路径转到职业教育路径比反过来更为频繁。前者要求学生在高中入学考试中取得更好的学业成绩,而职业教育路径是学习成绩相对较低的学生甚至辍学学生的有效教育选择。对在职业教育中注册的学生,他们的学习成绩限制了他们进入普通教育的机会。似乎没有直接的、可转移的学习路径可以使学生在职业教育路径和普通教育路径之间转换。

一些职业学校被授权向完成学业的学生颁发特定的专业证书,使他们能够从事特定的职业。但是,许多完成了职业教育的学生并没有立即进入劳动力市场,而是选择继续接受高等教育。职业轨道上的学生有一条进入高等教育的开放途径,但只有那些进入某些类型的职业学校(如职业中专)的学生才能接受高等教育。

研究表明,个性化的职业培训和职业生涯指导对高中教育向中等后教育和劳动力市场的有效过渡作出了重要贡献。职业生涯指导对帮助学生确定职业志向和潜力,从而为他们下一步的人生决策提供信息至关重要。职业咨询可以通过多种渠道提供,包括学校和教师、父母和同伴以及第三方顾问。不同类型的职业生涯指导资源可以相互补充,提高学生职业生涯指导的整体有效性。

与许多表现优异的国家相比,在上海,为 15 岁学生提供职业咨询的总体水平相对较低。这可能会限制学生的就业机会并阻碍他们的成功发展(见图 3.8)。

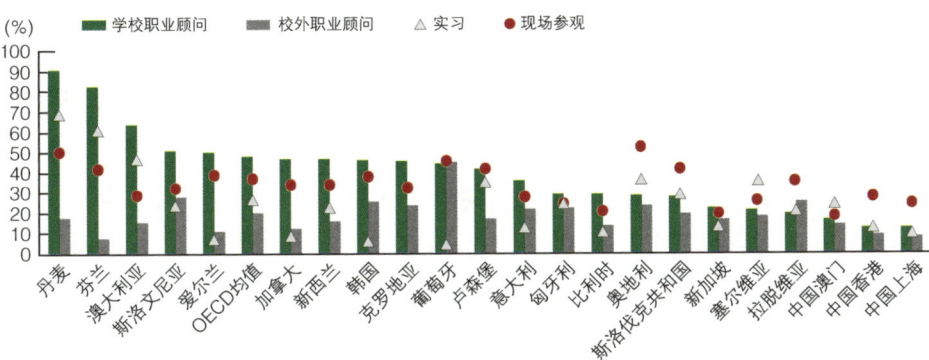

图 3.8　2012 年按类型分列的 15 岁学生中获得职业生涯指导的学生所占百分比

资料来源:OECD (2014b),*PISA 2012 Results: What Students Know and Can Do (Volume I, Revised edition, February 2014): Student Performance in Mathematics, Reading and Science*, PISA, OECD Publishing, Paris, https://doi.org/10.1787/9789264208780-en.

财政资源

财政资源是优质学习环境的主要促成因素之一。一个国家对教育的投入程度不仅直接影响其公民——影响学生的入学率、学生的学校生活和教师的工作条件——而且还可以极大地提高社会生产力,带来长期的经济效益和社会效益。尽管如此,教育投入并不一定意味着"越多越好";各国需要平衡教育和其他公共服务的需求,以及不同的教育优先事项,例如提高教育质量和扩大受教育机会。对教育质量更重要的是,一个国家如何分配和组织教育投入,从而优化其教育投入的价值。

这一部分重点介绍了中国为其教育体系投入的财政资源。根据现有数据,本节研究了在一定程度上反映其教育财政资源的两个突出指标:(1)国家教育机构支出;(2)生均支出。

国家教育机构支出

国家教育支出反映了政府在多大程度上将其教育作为国家总体资源的一

项职能来优先考虑。随着全球推动知识经济的发展,各国在教育方面的支出是衡量其对知识和技能的社会投入的标准。中国承诺到2050年建成科技创新强国(中共中央,国务院,2016)。因此,国家教育支出非常重要,因为它反映了中国在教育方面的投入,以为创新型社会培养劳动力。

了解一个国家用于教育的财政资源的一个常见方法是通过教育机构总开支占国内生产总值的百分比来获得数据。然而,影响教育机构支出水平的因素很多。例如,学龄人口增加可能会提高教育支出水平,而教师工资标准相对较低可能会导致教育支出相对较低。

2016年,中国对各级教育机构(含高等教育)投入38.88亿元人民币(教育部,国家统计局,财政部,2018),约占国内生产总值的5.2%。过去七年,中国教育投入总额持续增长。

2016年,OECD国家平均将其国内生产总值的5%左右投入到各级教育(含高等教育)中。在PISA 2018表现优异的教育体系中,大多数教育体系的教育投入超过国内生产总值的5%(见图3.9)。

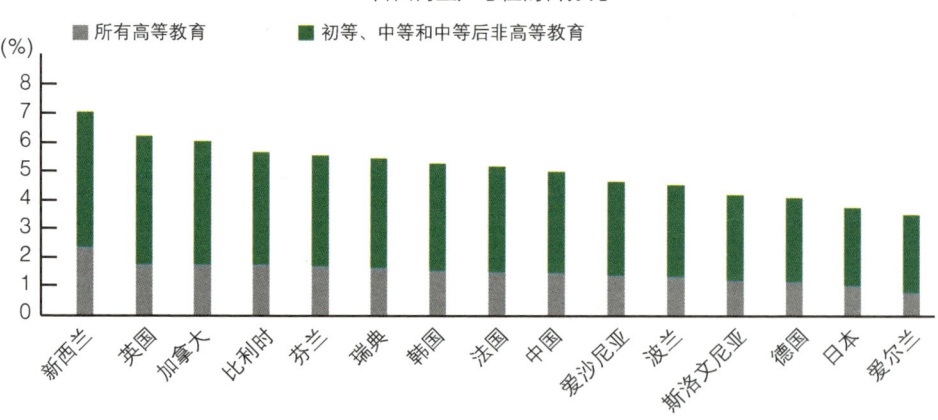

图3.9 2016年选定的表现优异国家的国家教育机构支出

注:参考年份为2016年。
资料来源:OECD (2019b), *Education at a Glance 2019: OECD Indicators*, OECD Publishing, Paris, https://dx.doi.org/10.1787/f8d7880d-en;教育部财务司,国家统计局社会科技和文化产业统计司(2018),*中国教育经费统计年鉴2017*.北京:中国统计出版社.

在中国,超过三分之二的教育机构总支出用于初等、中等和中等后非高等教育,这不足为奇,因为非高等教育的学生入学率很高。义务教育阶段(包括小学和初中阶段)的教育机构总支出约占中国国内生产总值的2%(教育部,国家统计局,财政部,2018)。在OECD国家的平均水平上,小学和初中的国家支出约占国内生产总值的2.5%。对于高中教育,中国的教育投入约占其国内生产总值的0.8%,比OECD国家的平均水平(1.1%)低0.3个百分点;这可能部分是由于OECD国家的高中入学率较高。在中国,中等职业教育领域的国家支出约占国内生产总值的0.24%,而在OECD国家的平均水平上,这一数值要高得多(0.6%)。在OECD国家中,普通教育往往比职业教育得到更多的投入(OECD,2019b)。在中国也是如此。

生均支出

将总支出除以在教育机构就读的学生数,就可以看出各国生均投入的程度。这个数字可以通过教育水平来进一步分析,以表明学生在不同教育水平上所获得的投入的变化。尽管国家对学生的投入与学生成绩之间的关系不是直接的,但生均支出可以作为反映学习环境中向学生所提供的财政支持质量的有效指标。生均总支出还可以对各国如何在教育体系中分配财政资源并为学生提供不同程度的投入进行国际比较分析,这可以促使全球思考如何优化财政资源以获得更好的教育投入回报。

根据中国教育部提供的数据(教育部,国家统计局,财政部,2017),2016年中国在初等、中等和中等后非高等教育阶段的生均投入约为3 500美元。OECD国家平均在相应教育水平上的生均支出约为9 400美元。与大多数OECD国家类似,当教育水平较高时,生均支出就会增加。在中国,高中生均支出(约为4 200美元)往往高于小学和初中的生均支出,小学生均支出约为2 860美元,初中生均支出约为4 000美元。这一数字明显低于OECD国家的平均水平(小学为8 470美元,初中为9 884美元)。

生均支出受到许多因素的影响,如教职工数、教师工资、在校生数等。这些因素也反映了国家在教育财政资源分配方面的策略。然而,要在教育体系中获得最有效的回报,需要多少投入,目前还没有明确答案。有证据表明,更高的生均支出不会自动导致更好的学生成绩(见图3.10)。中国在教育方面的财政投入和学生在PISA中的较高学业表现,可以作为分析教育支出与投入回报之间复杂关系的有力案例。然而,还需要进一步的数据和深入研究来检视教育政策、资源配置和教学实践,以更好地了解中国在教育体系中的财政投入。

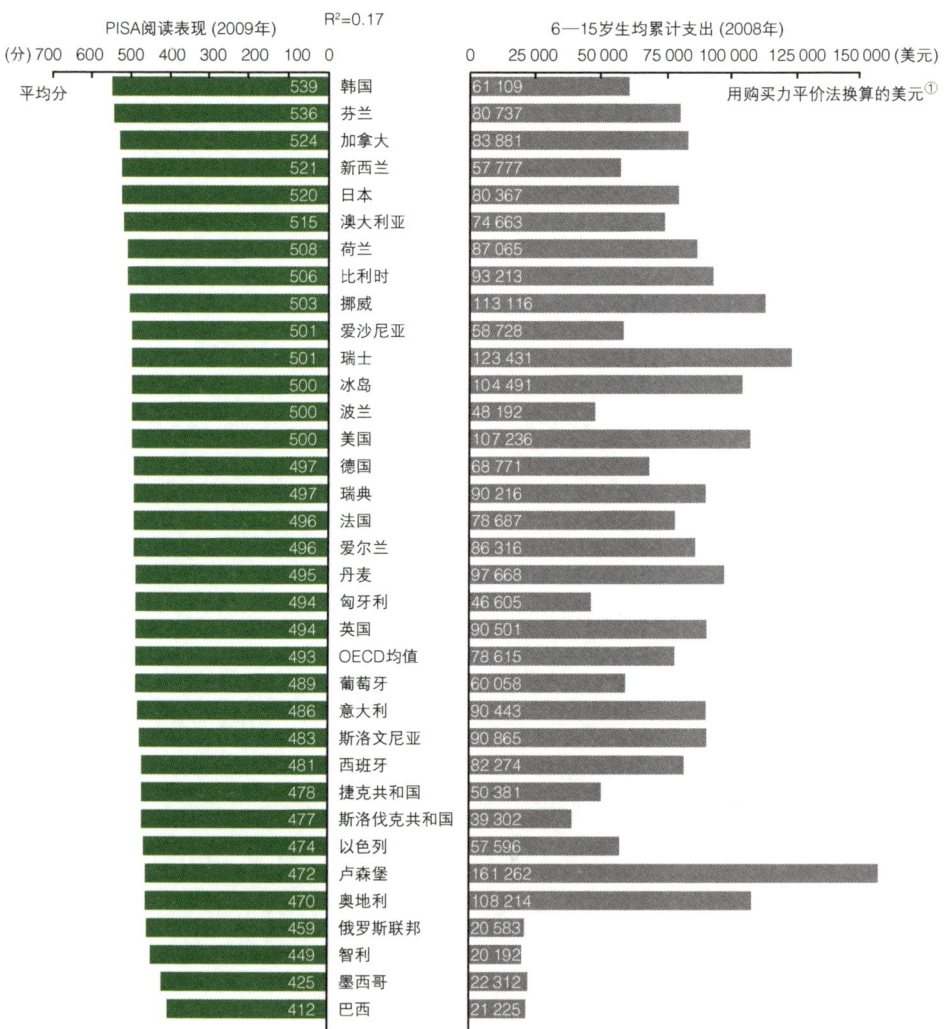

图 3.10 "并非多多益善":2009 年 PISA 阅读表现和 2008 年学生支出

资料来源:OECD (2011), "Which Factors Influence the Level of Expenditure?", in *Education at a Glance 2011: OECD Indicators*, OECD Publishing, Paris, https://doi.org/10.1787/eag-2011-22-en.

---

① 生均支出数据从中国教育部获得,单位是元(人民币),将人民币用 2016 年的购买力平价法换算为等值美元。

人力资源

教育体系的质量在很大程度上取决于教师素质。大量培养和聘用高素质的专业教师是维持高质量学习机会的前提，学生可以通过这一机会获得值得信赖的支持。研究表明，大多数在 PISA 中表现良好的教育体系都倾向致力于发展强大的教师专业（Darling-Hammond, Hyler and Gardner, 2017）。

本节首先介绍了中国在国家层面实施的教师教育计划，并与其他表现优异的教育体系进行了比较，以讨论如何为教师职业选择和储备人才。然后，本节探讨了上海教育体系为新手教师和有经验的教师提供的支持，包括入职培训、带教和持续专业发展活动。它还审视了教师进行日常教学活动的工作条件的质量。

如何在中国选拔和培训教师

各国倾向根据本国教育体系的特点和需求，采用不同的策略招聘和培训教师（OECD, 2018b）。然而，对 PISA 中表现优异的教育体系的早期分析表明，尽管各国采用了各种手段，但所有表现优异的教育体系都非常重视为教师职业选择合适的候选人，并将其培养成好教师（McKinsey & Company, 2007）。

中国作为 PISA 表现优异的教育体系之一，在其政策议程中优先考虑发展一支强大的教师队伍（中共中央，国务院，2019）。为了吸引具有较高积极性的学生从事教师职业，中国在国家层面实施了"公费师范生教育"政策。这项国家政策旨在"培养一批优秀教师，营造尊师重教的社会氛围，鼓励更多青年投身于教师职业"（国务院办公厅，2012）。在这一政策框架下，被录取的学生在四年内将免去学费、生活费，发放生活补贴，并保证毕业时的工作分配以及在职硕士课程的学习机会。作为回报，享受"公费师范生教育"政策的教师候选人必须承诺从事至少 6 年的教学工作。

中国对进入教师队伍的要求与其他在 PISA 中表现优异的教育体系的要求相似，包括参加职前培训和教师职业的竞争性考试、强制性教学实习和教师职业资格认定（见表 3.2）。

表 3.2　2018年中国和选定的表现优异的教育体系中的教师职业准入要求

	参加职前教师培训所需的竞争性考试	强制性教学实习	进入教师职业的竞争性考试	职前教师培训课程的持续时间(年)	教师培训课程结束时达到的水平(ISCED 2011)	教师资格准入	教师合格认定
B-J-S-G（中国）	是	是	是	4	ISCED 6	是	是
英格兰（英国）	否	是	×	4	ISCED 7	×	是
爱沙尼亚	否	是	×	5	ISCED 7	×	×
芬兰	是	是	×	5	ISCED 7	×	×
荷语区（比利时）	×	是	×	3	ISCED 6	×	×
德国	..	是	×	6.5	ISCED 7	×	×
日本	×	是	是	4	ISCED 6	是	×
韩国	是	是	是	4	ISCED 6	否	×
新西兰	..	是	..	..	..	..	..
新加坡	否	是	否	1	ISCED 6	否	否
斯洛文尼亚	否	是	×	5	ISCED 7	×	是

注：B-J-S-G=北京、江苏、上海、广州

×=不适用

..=不可用

资料来源：OECD（2018b），*Effective Teacher Policies: Insights from PISA*，PISA，OECD Publishing，Paris，https://doi.org/10.1787/9789264301603-en.

在中国，大多数教师教育专业都提供四年制的学士学位课程。进一步攻读硕士学位不是强制性的，而是政策层面鼓励的。以上海为例，大多数教师拥有学士学位，许多表现优异的教育体系也是如此。在芬兰、法国和韩国，大多数教师获得了硕士学位，这与其他国家相比，教师培训时间（五年）更长（见图3.11）。

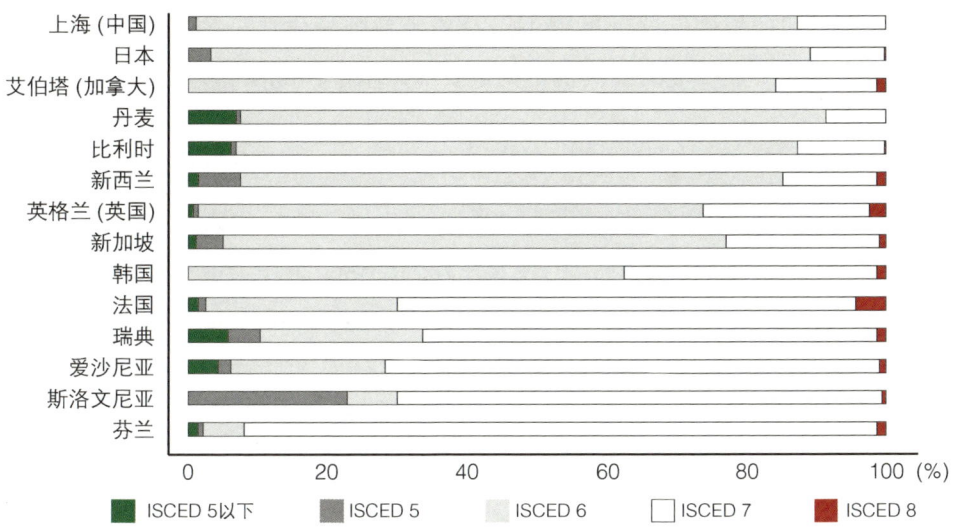

图 3.11　2019 年选定的表现优异的教育体系中教师的最高受教育水平

注：国家和经济体中的初中教师的最高正规受教育水平是 ISCED 6,其百分比降序排列。
教育类别基于《国际教育标准分类法》(ISCED - 2011)。
ISCED 5 是短周期高等教育,在某些国家可能包括学士学位。
ISCED 6 是学士或同等水平。
ISCED 7 是硕士或同等水平。
ISCED 8 是博士或同等水平。
资料来源：OECD(2019e),*TALIS 2018 Results (Volume I): Teachers and School Leaders as Lifelong Learners*,TALIS,OECD Publishing,Paris,https：//doi.org/10.1787/1d0bc92a-en.

教师在学校获得支持的程度

研究表明,新手教师的前三年更可能离开教师队伍,因为他们经常在课堂上遇到挑战,而且他们应对这些挑战的专业经验有限(Fantilli and McDougall,2009)。因此,强化入职培训和带教是帮助新手教师克服过渡期困难和防止其过早退出教师职业的基本策略。

上海学校为新手教师提供了强有力的支持。近一半的上海学校领导表示,所有新手教师都有机会接受带教,这在其他表现优异的教育体系中排名靠前(见图 3.12)。接受带教也与教师担任其他同伴的带教教师呈正相关(OECD,2014c)。与其他表现优异的教育体系相比,上海教师担任带教教师的比例更高。事实上,同伴指导是一种在上海学校中更为普遍的指导方式。学员和带教教师之间的这种联系有助于在新手教师和有经验的教师之间创造一种相互学习的氛围。这种氛围不仅对新手教师的成功至关重要(Schmidt, 2008),而且对专业环境的质量也至关重要(Patrick et al.,2010)。

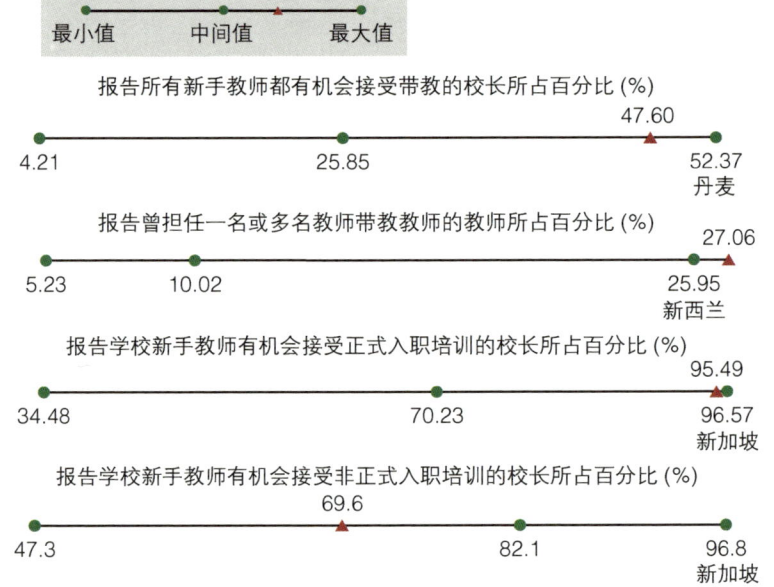

图3.12 上海和选定的表现优异的教育体系中教师接受带教和入职培训情况的比较

注:中国的数据仅限于上海。
资料来源:Authors' own work, OECD (2019e), *TALIS 2018 Results (Volume I): Teachers and School Leaders as Lifelong Learners*, TALIS, OECD Publishing, Paris, https://doi.org/10.1787/1d0bc92a-en.

上海学校也广泛实施正式的入职培训计划。几乎所有的学校都为新手教师提供正式的入职培训课程。然而,非正式的入职培训活动不那么普遍。在许多表现优异的国家,情况恰恰相反:非正式入职培训活动比正式入职培训活动更常见。新加坡是唯一一个学校倾向提供混合正式和非正式的入职培训活动的表现优异的国家。正式和非正式的入职培训活动都有利于支持新手教师的发展。在教师的学习过程中,正式学习和非正式学习是相辅相成的,而不是相互排斥的(Richter et al.,2011)。两者之间的平衡有助于深化教师的学习体验,促进教师的终身学习。

参加入职培训活动的教师往往表现出较高的自我效能感和工作满意度(OECD,2019e),这是影响教学实践质量的两个重要因素。以上海为例,在教师入职之初提供的入职培训活动对上海教师的自我效能感和工作满意度有明显的促进作用。在上海，教师自我效能感与教师首次入职期间参与入职培训的正相关关系甚至强于OECD国家的平均水平。

尽管上海教师获得的支持水平相对较低，但持续专业发展的参与程度较高

随着当今社会所需的知识和技能不断发展，教师需要更新自己的专业能力，以满足学生的需要。为教师提供参与持续专业发展的机会，不仅可以促进教师的终身学习，而且可以提高他们的专业能力，从而促进他们的职业发展。教师队伍的质量与获得的持续专业发展机会的质量直接相关。TALIS结果显示，教师普遍重视持续专业发展的机会，而那些从持续专业发展中受益的教师反映，持续专业发展对他们的教学实践产生了积极影响（OECD，2019e）。

以上海为例，最近几乎所有的教师都参与了专业发展活动（见图3.13），这

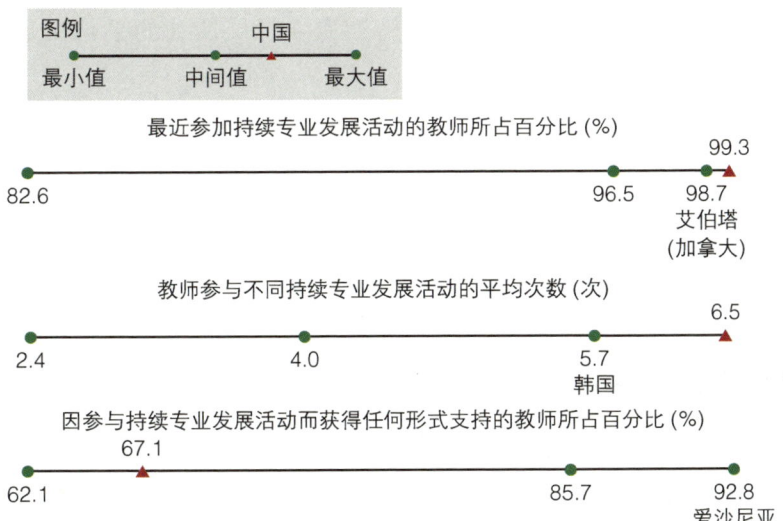

**图3.13　上海和选定的表现优异的教育体系中教师参与
持续专业发展活动情况的比较**

注：中国的数据仅限于上海。

资料来源：Authors' own work, based on OECD (2019e), *TALIS 2018 Results (Volume I): Teachers and School Leaders as Lifelong Learners*, TALIS, OECD Publishing, Paris, https://doi.org/10.1787/1d0bc92a-en.

使中国教育体系成为 TALIS 中排名最高的教育体系之一。在 PISA 表现优异的国家中,教师参与持续专业发展是很常见的,这些国家中的大多数都高于 OECD 国家的平均水平。上海远远超过 OECD 国家的平均水平。与其他表现优异的国家相比,上海教师可以获得更多样化的持续专业发展机会。平均而言,教师在一年内至少参与 6 项不同的专业发展活动(见图 3.13)。

专业发展活动的培训内容显示了教师通过这些活动获得的知识和技能的类型,反映了教师通过持续专业发展已经或尚未发展的教学能力类型。教师认为,学科培训是促进有效专业发展活动的一个基本特征(OECD,2019e)。在上海,学科培训是最吸引教师参与的持续专业发展活动。专业发展活动通常侧重于提高教师的学科知识,如对某一学科的理解、学科教学能力或课程知识。学科知识是教师专业主义的一个基本方面。

TALIS 研究表明,教师参与持续专业发展与教师获得的支持呈显著正相关。然而,一方面,在上海,这种相关性相当弱。如图 3.13 所示,在表现优异的国家中,上海教师获得的支持水平相对较低。另一方面,上海教师持续专业发展的参与程度,以及参与不同持续专业发展活动的平均次数都是最高的。

上海教师参与持续专业发展的倾向与工作满意度的相关性强于其与外部支持水平的相关性。同样,教师所持的社会效用动机也与教师参与不同持续专业发展活动的次数呈正相关。把教学视为一种可以为社会公平和整个社会作出贡献的职业的教师,往往会参加更多的持续专业发展活动。这是许多 OECD 国家共有的普遍模式,包括表现优异的国家(OECD,2019e)。

教师工作条件

教师工作条件是决定教师教学质量和教师幸福感的有利或制约因素。一项政策审查表明,改善工作条件往往会提高教师职业的吸引力(OECD,2005)。在许多表现优异的国家中,有较高比例的教师将工作条件作为选择教师职业的重要标准之一。这也与这些国家对教师的较高社会价值观有关。

在上海,班级规模与工作条件质量的相关性较弱

班级规模与许多影响教师工作条件质量的因素有关。例如,更大的班级规模可能要求教师在课堂管理、学生评估或向学生提供个性化反馈方面给予

更多的关注和时间。PISA 2015 的研究发现，小班授课的教师通常会根据学生的需要调整教学（OECD，2016a）。

上海每个班级的学生数明显高于大多数表现优异的国家（见图 3.14）。PISA 2018 调查了北京、上海、江苏和浙江，发现语言教学班的平均班级规模为 42 名学生，这也明显高于 OECD 国家的平均水平（26 名学生）（OECD，2019c）。

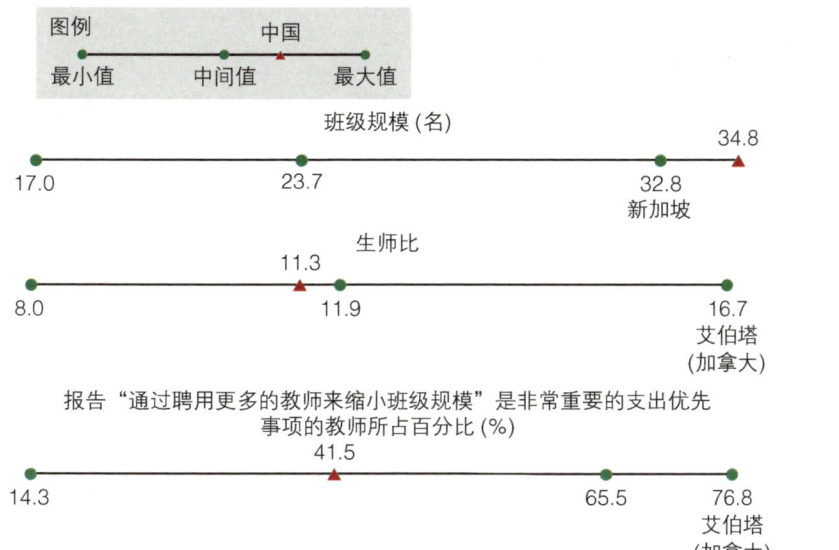

图 3.14　上海和选定的表现优异的教育体系中班级规模和生师比的比较

注：中国的数据仅限于上海。

资料来源：Authors' own work, based on OECD (2019e), *TALIS 2018 Results (Volume I): Teachers and School Leaders as Lifelong Learners*, TALIS, OECD Publishing, Paris, https：//doi.org/10.1787/1d0bc92a-en.

TALIS 指出，在大班授课的教师往往在实际教学中投入较少的课堂时间（OECD，2019e）。然而，这种模式在上海并不明显，上海的班级规模相对较大，但教师在教学上花费了大量的时间。这表明，大班额不一定是高质量教学的障碍。

此外，上海教师也不认为"通过聘用更多的教师来缩小班级规模"是进一步干预的非常重要的支出优先事项（见图 3.14）。这说明上海教师并不认为班级规模是制约他们日常工作的一个因素。上海相对较低的生师比可能是这一现象的部分原因。在上海,教师或许能应付更大的班级规模,但较低的生师比也表明,与许多其他表现优异的教育体系相比,上海更多的教师可以通过合作来分配教学职责。

教师在大班授课的方式也关系到教学和学习的质量。将学生分成小组或在课堂上安排多个导师等教学实践可以有效地降低大班额对教学质量的负面影响。此外,教师的专业和个人信念、动机和态度也会影响他们对工作条件质量的感知。这一课题需要今后更细致的研究才能充分理解。

教师的工作时间与工资满意度

工作量可以反映教师的工作生活质量。繁重的工作量会阻碍教师选择从事其他有意义的相关教学活动,如参与专业发展活动。例如,OECD 国家约有一半的教师报告,日程安排冲突妨碍了他们参与专业发展(OECD,2019e)。更重要的是,过多的工作会打破教师的工作生活平衡,从而可能导致精神疾病(Van Droogenbroeck,Spruyt and Vanroelen,2014)。

上海教师平均每周工作 45.3 小时(见图 3.15),高于 OECD 国家的平均

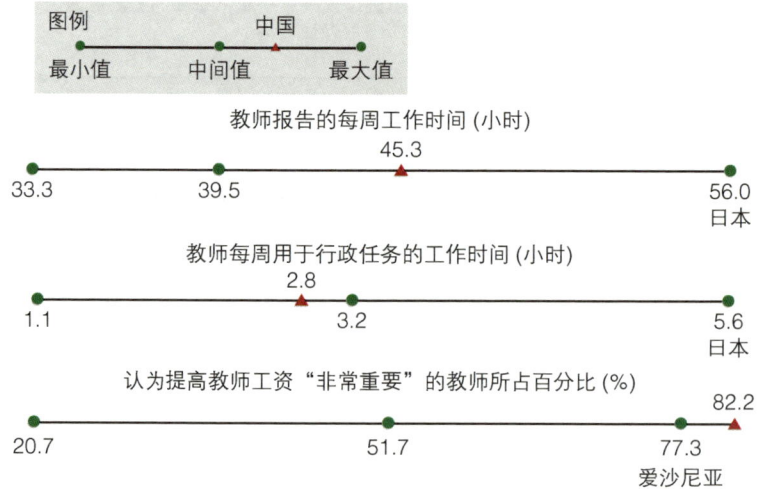

图 3.15　上海和选定的表现优异的教育体系中教师工作时间和工资满意度的比较

注:中国的数据仅限于上海。
资料来源:Adapted from OECD (2019e),*TALIS 2018 Results (Volume I): Teachers and School Leaders as Lifelong Learners*,TALIS, OECD Publishing, Paris, https://doi.org/10.1787/1d0bc92a-en.

水平。许多表现优异的国家的教师工作时间也超过OECD的平均水平(38.8小时)(OECD,2020)。

在表现优异的国家,教师的工作时间分配方式也有些相似。这些国家的教师往往把更多的时间花在与教学相关的任务上,如"上课""备课"和"布置和批改作业",而在行政工作上花费的时间较少。TALIS指出,与花更多时间在教学上的同伴相比,花大量时间在行政工作上的教师更容易感受到更大程度的压力(OECD,2020)。与许多表现优异的国家相比,上海教师在完成行政任务上花费的时间相对较少(见图3.15)。

虽然上海教师的工作时间相对于其他TALIS参与者较长,但上海教师并没有将"增加辅助人员以减少行政工作量"作为干预的优先考虑事项。相比之下,他们往往比其他OECD国家的教师更关心提高工资(见图3.15)。与其他表现优异的教育体系相比,上海教师的工作时间和他们对目前工资满意度之间的差距更大。

薪酬是吸引和留住高素质教师队伍的关键因素之一。PISA 2012的结果显示,相较于人均国民收入,教师工资更高的国家在数学方面表现稍好(OECD,2013)。在全球范围内,教师工资在过去几年里有所增长。然而,在许多国家,与其他受过高等教育的工作者和其他类似的教育工作者相比,教师的收入仍然较低(OECD,2014a)。

在未来教育投入的重点方面,上海教师认为"提高教师工资"是加大教育投入的重中之重。在比较不同类型学校的教师时,上海公立学校的教师比私立学校的教师更有可能报告需要提高教师工资。此外,处境不利学生集中程度较高学校的教师比处境不利学生集中程度较低学校的教师更有可能报告需要提高工资。

基础设施和信息与通信技术资源

学校资源——包括学校基础设施、教学材料以及信息与通信技术设备——被认为是另一个重要的资源方面,它补充了财政资源和人力资源,以支持教育体系的运作。这些学校资源的质量不仅影响学生的学业成绩,而且影响学生和教师的个人发展和幸福感。

本节考察了中国教育体系的物质条件,主要是学校基础设施、教学材料以及信息与通信技术(information and communication technology,ICT)设备。没有公认的学校资源投入标准。然而,从业者对学校资源是否促进或阻碍教学、学习或学生全面发展的看法,可以为我们了解教育体系中学校资源的充足性和质量提供见解。

在学校物质基础设施方面存在社会经济差距

物质基础设施是学校的基本资源之一,它为教师和学生提供了进行教学的必要场所。物质基础设施范围(至少)包括物质建筑物以及建筑物使用所必需的其他服务,如供暖、制冷和照明。

TALIS 2018 询问了校长,物质基础设施的短缺是否阻碍了学校的发展。与 OECD 国家(平均)的校长(25.5%)相比,上海较少的学校校长(17.6%)认为其学校发展受到了阻碍。PISA 2015 对北京、上海、江苏和浙江的校长提出了类似的问题:大约 12.9% 的校长表示,物质基础设施的短缺在很大程度上阻碍了教学的开展。

尽管受到物质基础设施短缺困扰的学校所占百分比可能相对较低,但经济条件处于优势地位的学校与处境不利的学校之间仍存在明显差距。从 PISA 中的学校社会经济概况可以发现,在 B-S-J-Z(中国),处于优势地位的学校和处境不利的学校的校长在物质基础设施短缺的看法上存在显著差异。与社会经济条件处于优势地位的学校相比,处境不利的学校的校长更有可能报告,物质基础设施短缺会阻碍学校的发展。与 B-S-J-Z(中国)社会经济条件处于优势地位的学校相比,这个问题可能与处境不利的学校中更大的班级规模和更高的生师比有关。

信息与通信技术相关资源在中国尚未实现普及

随着信息与通信技术综合教学在当今课堂上的普及,学校信息与通信技术相关资源的充足性是支持现代教学过程的关键有利条件之一。缺乏使用信息与通信技术设备以及互联网访问会阻碍创新教学活动,如翻转课堂、弹性学习等。同时,学生的学习体验也会受到限制。如果教育体系想最大限度地利用技术,确保每所学校都能接入互联网和信息与通信技术设备是关键。

在 PISA 中,中国出于教学目的接入互联网的学校所占百分比(从小学到高中)低于其他表现优异的教育体系。小学和中学出于教学目的接入互联网的学校所占百分比分别为 85.6% 和 96.9%(见图 3.16)。同样,在 PISA 2018 中,几乎所有表现优异国家的所有学校都表示,从小学到高中的教育水平上,都可以普遍出于教学目的使用计算机。但中国的情况并非如此:89.4% 的小学和 97.3% 的中学报告可以出于教学目的使用计算机(见图 3.16)。

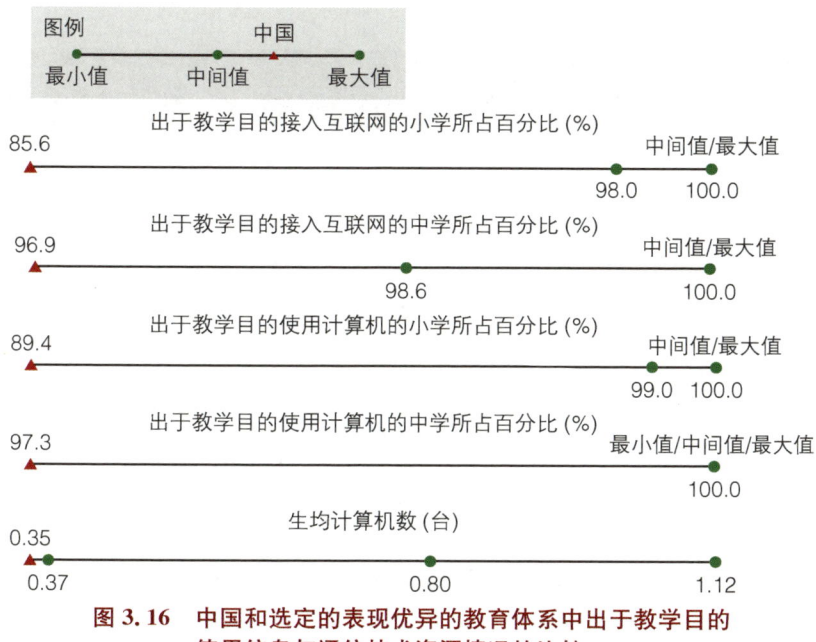

图 3.16 中国和选定的表现优异的教育体系中出于教学目的使用信息与通信技术资源情况的比较

注:"中间值/最大值"指中间值和最大值相同。
中国"生均计算机数"的数据仅限于北京、上海、江苏和浙江。
资料来源:Adapted from OECD (2019d), *PISA 2018 Results (Volume Ⅲ): What School Life Means for Students' Lives*, PISA, OECD Publishing, Paris, https://doi.org/10.1787/acd78851-en; UNESCO Institute for Statistics (2020b), *Education: Gross Graduation Ratio (database)*, http://data.uis.unesco.org/.

中国参与 PISA 的一些地区样本也得出了类似的结论,这意味着中国学校的信息与通信技术资源相对滞后。在北京、上海、江苏和浙江,平均约 3 名学生必须共用 1 台计算机。在 PISA 表现优异的国家,生均计算机数是这一数据的两倍多(见图 3.16)。

然而,没有直接证据表明,信息与通信技术资源的滞后阻碍了中国学校的发展。一方面,根据 TALIS 2018,上海学校似乎对其数字技术和互联网资源感到满意。与24.6%的校长报告缺乏数字技术、19.2%的校长报告互联网接入不足阻碍了学校发展的OECD国家的平均水平而言,上海校长报告这一比例较低。另一方面,PISA的回归分析结果表明,北京、上海、江苏和浙江的生均计算机数与学生的科学表现之间没有很强的统计关系(OECD,2019)。一种假设可能涉及学校和教师对信息与通信技术资源的松散参与,其中技术在塑造教学和学习过程中所起的作用有限。

学校氛围

安全和支持性的学校氛围有助于形成积极的学习环境。对学生而言,健康的学校氛围不仅会提高学生学习成绩,而且会对学生幸福感和自尊心产生积极影响。对教师而言,积极的学校氛围可以提高教师的工作满意度和自我效能感(Xiaofu and Qiwen,2007;Taylor and Tashakkori,1995),提升教师的幸福感,增加教师职业的吸引力(OECD,2019f)。

本节考察了中国的学校氛围,重点关注以下方面:学校多样性、校园安全、师生关系、纪律氛围和逃学。对上述五个方面,都从学生和教师的角度进行了全面阐述和分析,以全面了解中国教育体系中的学校氛围。

在上海,课堂多样性并不普遍,学校缺乏在语言和文化多样化环境中有教学经验的教师

全球化正以前所未有的速度进行,今天课堂上的学生构成比以往任何时候都更加多样化。课堂的多样性可以涉及许多方面,如学生因不同的学习需求而形成的神经多样性,以及学生的民族和文化多样性、学生社会经济背景的多样性。学校体系需要构建满足不同特点学生学习需求的学习环境。要做到这一点,教师需要获得相应的知识、技能、价值观和态度,以便在多样化的环境中进行教学(European Commission,2013)。

TALIS 2018收集了与学校多样性相关的教师教学信息,涉及讲不同语言、有不同社会经济背景和有特殊需求的学生。总体而言,与参与TALIS 2018的大多数国家和地区相比,上海教师在多样化课堂环境中授课的比例要低得多。上海约有0.5%的教师教非母语的学生,4.6%的教师教社会经济背

景处境不利的学生,1.3%的教师教有特殊需要的学生。教有特殊需要学生的教师是2013—2018年中唯一略有增长的群体(OECD,2019e)。

尽管上海只有一小部分教师在多样化环境中教学,但这些教师中的大多数报告,其学校已经实施了一系列倡导文化多样性的实践(见图3.17)。这些做法包括组织多样化文化活动,教授如何处理种族和文化歧视,将全球性问题纳入课程等。

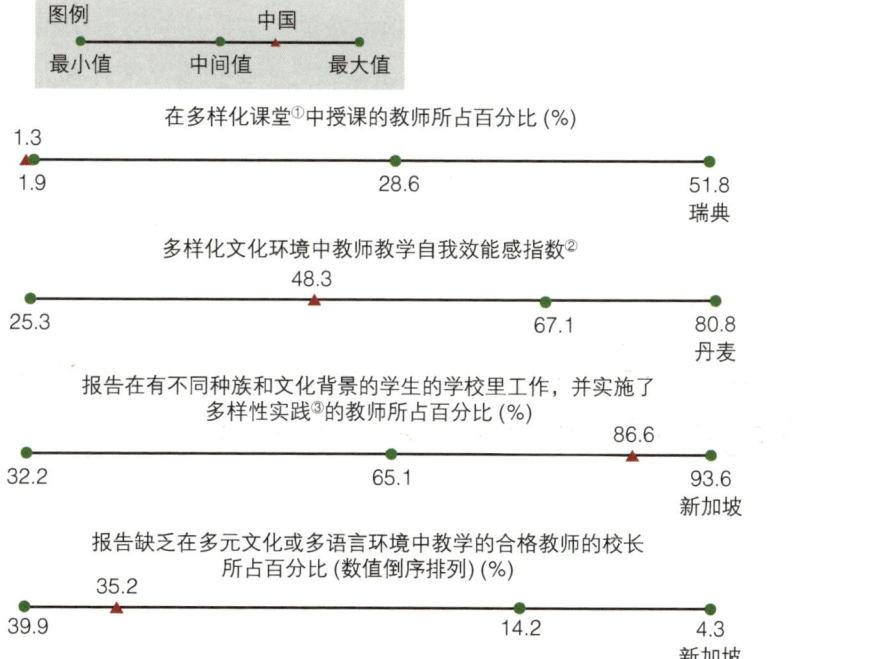

图 3.17 上海和选定的表现优异的教育体系中教师在多样化课堂中教学经验的比较

注:中国的数据仅限于上海。
① "多样化课堂"包括"10%以上的非母语学生","10%以上的学生有特殊需要","30%以上的学生来自社会经济背景处境不利的家庭","超过10%的学生是移民或有移民背景","至少1%的学生是难民"的学校。
② 该指数的计算方法是能够胜任以下活动的教师所占百分比的平均值:"应对多样化文化课堂的挑战","使我的教学适应学生的文化多样性","确保有移民背景的学生和没有移民背景的学生一起工作","提高学生之间的文化差异意识"和"减少学生之间的种族刻板印象"。
③ 多样性实践包括"支持鼓励学生表达不同的种族和文化特征的活动或组织","组织多样化文化活动","教授如何处理种族和文化歧视",以及"采用将全球问题纳入整个课程的教学和学习实践"。
来源:Adapted from OECD (2019e), *TALIS 2018 Results (Volume I): Teachers and School Leaders as Lifelong Learners*, TALIS, OECD Publishing, Paris, https://doi.org/10.1787/1d0bc92a-en.

然而，当被问及教师在文化多样化课堂教学中的自我效能感时，不到一半的上海教师认为他们可以做"相当多"或"很多"来应对多样化课堂的挑战。总体而言，上海教师在多样化课堂教学中的自我效能感低于 PISA 中表现优异的国家以及 OECD 国家的平均水平（见图 3.17）。同样，根据上海校长的观点，与 OECD 国家的平均水平相比，上海教师不太可能持有文化多样性的信念。这一结果有些令人担忧，因为教师的信念在塑造他们的思维和教学过程中起着重要作用，进而影响学生的学习。

研究表明，教师的多样性信念与他们接触的多样性问题呈正相关（Flores and Smith, 2009）。据上海校长报告，由于缺乏能够在多元文化和元语言环境中进行教学的教师（见图 3.17），可能需要提供更多的专业发展机会，以便教师能够获得真实的多样性经验，并在多样化环境中构建他们的教学信念和自我效能感。与教师个人态度和价值观、学生构成以及更广泛的社会经济因素相关的因素也有助于形成教师对多样化教学环境的反应。有效的政策干预也需要考虑到这些因素。

在中国，校园欺凌行为很少见，但城乡之间、社会经济背景处于优势地位的学生与处境不利的学生之间存在差距

校园安全水平的高低直接关系到学生和教师的身心健康。围绕校园安全的问题可能涉及多个层面，从物质层面（如学校基础设施或学校服务的安全）到社会层面（如学生与学生的关系、学生与教师的关系）再到技术层面（如网络欺凌）。从学校教育工作者那里收集的关于这些方面的安全问题的信息可以帮助从业者更好地理解校园安全。

根据 TALIS 2018 中的校长报告，上海学校每周几乎没有发生与安全相关的事件。报告中的"故意破坏和盗窃"占 0.7%，以下类别为 0.0%："学生暴力造成的人身伤害"；"恐吓或辱骂教职工"；"拥有/使用毒品和酒精"；"互联网上关于学生的有害信息"。然而，在技术相关的安全方面，"学生之间不必要的电子联系"（1%），例如通过网上或短信进行欺凌，在上海学校比其他欺凌更为频繁。

学生在学校遭受欺凌可能会对他们的终身发展造成严重的身心影响。如何最大限度地减少校园欺凌是全球政策制定者、学校教育工作者和家长关注的关键领域。PISA 2018 从学生的角度收集了关于校园欺凌的信息，该信息揭

示了学生在学校所遭受的实际欺凌水平。研究发现,每月遭受欺凌的学生的阅读得分往往比那些较少遭受欺凌的学生低 21 分。同时,与较少受到欺凌的学生相比,那些经常遭受欺凌的学生倾向表现出较低的生活满意度、更脆弱的幸福感和更低的归属感(OECD,2019d)。

在 OECD 国家中,"学生之间的恐吓或欺凌行为"往往是学校中最常见的安全事件。在 PISA 2018 中,一些表现优异的国家,例如芬兰和新西兰,其学校中学生受到恐吓或欺凌的频率甚至更高。在上海,这种现象相当罕见。从学生的角度来看,PISA 2018 得出了类似的结果。在北京、上海、江苏和浙江,只有不到 5% 的学生报告其经常在学校被欺凌,这远低于 OECD 国家的平均水平和大多数表现优异的教育体系(见图 3.18)。

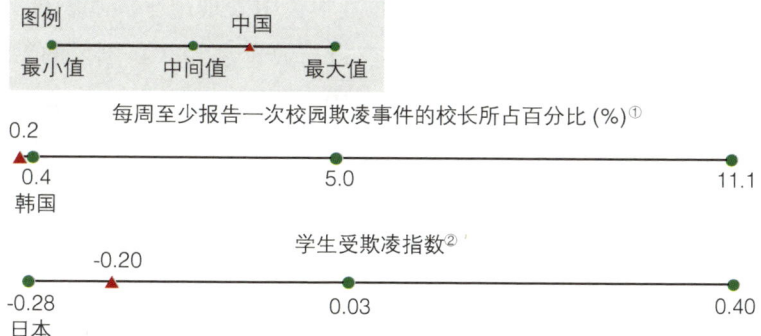

图 3.18 中国和选定的表现优异的教育体系中校园欺凌情况的比较

注:① 数据仅限于上海。
② 数据仅限于四个中国地区:北京、上海、江苏和浙江。

来源:Adapted from OECD (2019d), *PISA 2018 Results (Volume Ⅲ): What School Life Means for Students' Lives*, PISA, OECD Publishing, Paris, https://doi.org/10.1787/acd78851-en and OECD (2019e), *TALIS 2018 Results (Volume I): Teachers and School Leaders as Lifelong Learners*, TALIS, OECD Publishing, Paris, https://doi.org/10.1787/1d0bc92a-en.

在北京、上海、江苏和浙江的学校中,言语欺凌("其他同学取笑我")和身体欺凌("其他同学拿走并弄坏我的东西")比其他类型的欺凌行为(包括关系欺凌)更为普遍。

在北京、上海、江苏和浙江,农村学校比城市学校更容易出现欺凌行为。城乡学校之间的差距很大,高于 OECD 国家城乡学校差距的平均水平。在社会经济背景处于优势地位的学生和处境不利的学生之间也观察到类似的模式。与社会经济背景处于优势地位的学生相比,处境不利的学生每月更容易遭受欺凌。对于北京、上海、江苏和浙江,社会经济背景处于优势地位的学生与处境不利学生遭受欺凌的差异要高于 OECD 国家的平均水平。

支持学生发展的教师往往是 PISA 中所有表现优异的教育体系的共同特征

积极的师生关系是建立信任导向和支持性学习环境的基石。由于学龄儿童在学校与教师的相处时间可能多于与父母的相处时间,教师在学生学习,更重要是在学生身心健康方面发挥着关键作用。信任导向和支持性的师生关系鼓励学生在遇到恐吓、欺凌和其他困难时寻求教师的帮助(Konishi et al.,2010)。

所有在 PISA 中表现优异的国家都在其学校中表现出牢固和积极的师生关系。表现优异的国家向学生提供的教师支持指数超过 OECD 国家的平均水平。在 PISA 中,与所有其他表现优异的国家相比,中国的教师支持指数最高(见图3.19)。TALIS 2018 的结果也与这一发现一致。在 PISA 中绝大多数表现优异

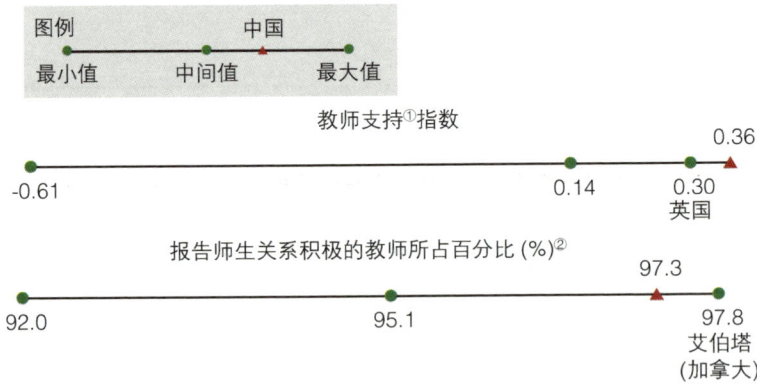

图 3.19　中国和选定的表现优异的教育体系中师生关系的比较

注:① 数据仅限于四个中国地区:北京、上海、江苏和浙江。
　　② 数据仅限于上海。
"教师支持"包括"教师关心每一个学生的学习","教师在学生需要时给予额外帮助","教师帮助学生学习"和"教师继续教学直到学生理解"。
资料来源:Adapted from OECD (2019d),*PISA 2018 Results (Volume Ⅲ): What School Life Means for Students' Lives*,PISA,OECD Publishing,Paris,https://doi.org/10.1787/acd78851-en and OECD (2019e),*TALIS 2018 Results (Volume I): Teachers and School Leaders as Lifelong Learners*,TALIS,OECD Publishing,Paris,https://doi.org/10.1787/1d0bc92a-en.

的国家,对师生关系持积极看法的教师比例明显高于 OECD 国家的平均水平。

大多数上海教师报告,师生之间经常相处得很融洽(见图 3.19)。同样,大多数上海教师重视学生的幸福感,对学生要说的话感兴趣。如果学生需要额外的帮助,大多数老师认为学校应该提供。

同样值得注意的是,上海教师对与同事的关系通常持积极态度,他们认为可以与同事相互依赖。在上海,持这种态度的教师比例明显高于其他所有表现优异的教育体系。

中国课堂的纪律氛围是高质量的

教师教学质量在很大程度上受课堂纪律氛围的影响,而纪律氛围又反过来影响学生学习体验的质量。频繁中断的课堂往往会减少教师的教学时间,并打乱教师预期的教学计划(Rivkin and Schiman,2015)。在课堂上营造纪律氛围意味着在教师和学生积极参与教学和学习过程中营造一个愉快的学习环境。

据上海初中教师介绍,上海的课堂纪律是高质量的。几乎大多数上海学校的教师认为学生们努力在课堂上营造一个愉快的学习氛围,这一水平明显高于大多数在 PISA 中表现优异的国家和 OECD 国家的平均水平(见图 3.20)。

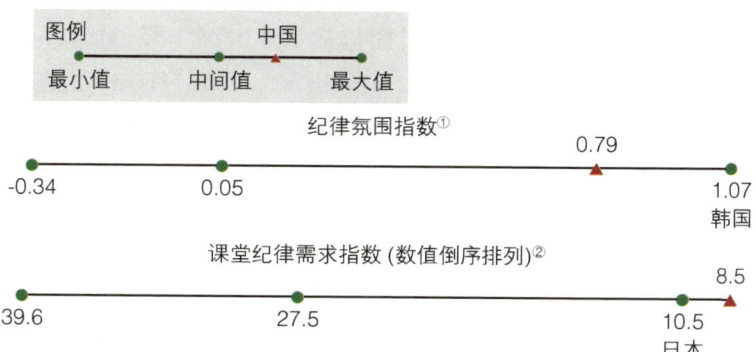

图 3.20 中国和选定的表现优异的教育体系中课堂纪律氛围的比较

注:① 中国"纪律氛围指数"的数据仅限于北京、上海、江苏和浙江。该指数的值越高,说明纪律氛围越积极。

② 中国"课堂纪律需求指数"的数据仅限于上海。该指数的值越高,说明对课堂纪律的要求就越高。

资料来源:Authors' own work, based on OECD (2019d), *PISA 2018 Results (Volume Ⅲ): What School Life Means for Students' Lives*, PISA, OECD Publishing, Paris, https://doi.org/10.1787/acd78851-en.

进一步回归分析表明,上海学校的课堂纪律质量与行为问题学生的比例呈负相关。教师性别和工作年限是影响上海学校课堂纪律质量的两个非常重要的因素。女教师和新手教师都报告,他们的课堂缺乏纪律性,可能需要向这两部分教师提供针对性的培训支持,帮助他们更有效地管理课堂纪律。

PISA 2018 还调查了学生在语言教学课程中的纪律氛围,收集了上海、北京、江苏和浙江的数据,并对其进行了整体分析。数据显示,OECD 国家近三分之一的学生不听老师讲课,每节课或大部分课都有噪声和混乱。在北京、上海、江苏和浙江,报告类似问题的学生比例远低于 OECD 国家的平均水平。

在 B-S-J-Z(中国)中,社会经济背景处于优势地位的学校和处境不利的学校的纪律氛围各不相同。总的来说,在 B-S-J-Z(中国),社会经济背景处于优势地位的学校纪律氛围更好。同样,社会经济背景处于优势地位的学生往往比他们处境不利的同伴表现出更好的纪律氛围。与所有在 PISA 中表现优异的国家相比,这个差距要大得多。

逃学在中国学校很少见;然而,在社会经济背景处境不利学校就读的学生往往比在处于优势地位学校就读的学生更容易逃学

学生逃学会导致许多不必要的后果,这些后果关系到学生的学业和整体幸福感与发展。这些不必要的后果可能包括学业成绩下降、意外怀孕、吸毒和酗酒(Aucejo and Romano, 2016; Hallfors et al., 2002; Henry and Huizinga, 2007)。关于学生逃学的证据可以有效地洞察与学生逃学相关的更广泛的教学质量因素,反映整体学习环境的质量。例如,导致学生逃学的因素可以是学生的归属感、学生对学校学习的投入以及学生与同伴和教师的关系。

PISA 2018 的结果显示,在平均阅读表现较高的教育体系中,旷一整天课的学生往往会较少。比如 B-S-J-Z(中国)和其他总体表现优异的国家,如爱沙尼亚、芬兰、日本、韩国、新加坡和瑞典。在 B-S-J-Z(中国),几乎所有学生从未旷过一整天的课,这是在所有表现优异的国家中学生所占百分比最高的。这种模式也可以在逃课或上学迟到的学生中反映出来。

尽管学生逃学的频率较低,但在 B-S-J-Z(中国),学校的社会经济状况仍然存在差异。社会经济背景处于优势地位的学校的学生比处境不利的学校的同伴旷一整天课的频率低。对北京、上海、江苏和浙江进行进一步的回归分析

表明，与学生阅读表现、归属感、学校价值观和纪律氛围等其他可能的指标相比，学生遭受欺凌是影响学生逃学（定义为旷课一整天）的最重要因素。

参 考 文 献

Aucejo, E. and T. Romano (2016), "Assessing the Effect of School Days and Absences on Test Score Performance", *Economics of Education Review*, Vol. 55, pp. 70 – 87, http：//dx. doi. org/10. 1016/j. econedurev. 2016. 08. 007.

中共中央，国务院(2016)，*中共中央 国务院印发《国家创新驱动发展战略纲要》*. 2016 – 05 – 19[2021 – 03 – 05]. http：//www. gov. cn/zhengce/2016 – 05/19/content_ 5074812. htm.

上海市经济社会发展统计数据库(2008—2018)，*2008—2018 年上海教育统计年鉴*. [2021 – 03 – 10]. https：//data. cnki. net/area/Yearbook/Single/N2010010076? z=D09.

Darling-Hammond, L., M. Hyler and M. Gardner (2017), *Effective Teacher Professional Development*.

European Commission (2013), *Supporting Teacher Competence Development for Better Learning Outcomes*, http：//ec. europa. eu/education/school-education/teacher-cluster _ en. htm. (accessed on 4 March 2020).

Fantilli, R. and D. McDougall (2009), "A Study of Novice Teachers：Challenges and Supports in the First Years", *Teaching and Teacher Education*, Vol. 25/6, pp. 814 – 825, http：//dx. doi. org/10. 1016/j. tate. 2009. 02. 021.

Flores, B. and H. Smith (2009), "Teachers' Characteristics and Attitudinal Beliefs About Linguistic and Cultural Diversity", *Bilingual Research Journal*, Vol. 31/1 – 2, pp. 323 – 358, http：//dx. doi. org/10. 1080/15235880802640789.

Hallfors, D. et al. (2002), "Truancy, Grade Point Average, and Sexual Activity：A Meta-analysis of Risk Indicators for Youth Substance Use", *Journal of School Health*, Vol. 72/5, pp. 205 – 211, http：//dx. doi. org/10. 1111/j. 1746 – 1561. 2002. tb06548. x.

Henry, K. and D. Huizinga (2007), "Truancy's Effect on the Onset of Drug Use among Urban Adolescents Placed at Risk", *Journal of Adolescent Health*, Vol. 40/4, pp. 358. e9 – 358. e17, http：//dx. doi. org/10.

1016/j. jadohealth. 2006. 11. 138.

洪秀敏(2020),全面二孩政策下如何加快构建托育服务体系——基于全国十三个城市的调研与思考. *中国教育报*,2020 - 02 - 01(03).

Konishi, C. et al. (2010), "Do School Bullying and Student — Teacher Relationships Matter for Academic Achievement? A Multilevel Analysis", *Canadian Journal of School Psychology*, Vol. 25/1, pp. 19 - 39, http://dx. doi. org/10. 1177/0829573509357550.

Kuczera, M. and S. Field (2010), *OECD Reviews of Vocational Education and Training: A Learning for Jobs Review of China 2010*, OECD Reviews of Vocational Education and Training, OECD Publishing, Paris, https://dx. doi. org/10. 1787/9789264113749-en.

McKinsey & Company (2007), "How the World's Bast-performing School Systems Come Out on Top".

教育部(2020),*2019 年全国教育事业发展统计公报*. 2020 - 05 - 20[2021 - 03 - 05]. http://www. moe. gov. cn/jyb_sjzl/sjzl_fztjgb/202005/t20200520_456751. html.

教育部(2019),*2018 年全国教育事业发展统计公报*. 2019 - 07 - 24[2021 - 03 - 05]. http://www. moe. gov. cn/jyb_sjzl/sjzl_fztjgb/201907/t20190724_392041. html.

教育部(2018),*2017 年全国教育事业发展统计公报*. 2018 - 07 - 19[2021 - 03 - 05]. http://www. moe. gov. cn/jyb_sjzl/sjzl_fztjgb/201807/t20180719_343508. html.

教育部,国家统计局,财政部(2018),*教育部 国家统计局 财政部关于 2017 年全国教育经费执行情况统计公告*(教财〔2018〕14 号). 2018 - 10 - 08 [2021 - 03 - 05]. http://www. moe. gov. cn/srcsite/A05/s3040/201810/t20181012_351301. html.

教育部,国家统计局,财政部(2017),*教育部 国家统计局 财政部关于 2016 年全国教育经费执行情况统计公告*(教财〔2017〕6 号). 2017 - 10 - 17[2021 - 03 - 05]. http://www. moe. gov. cn/srcsite/A05/s3040/201710/t20171025_317429. html.

国务院办公厅(2012),*国务院办公厅转发教育部等部门关于完善和推进师范生免费教育意见的通知*. 2011 - 01 - 07[2021 - 03 - 07]. http://www. gov. cn/zhengce/content/2016 - 08/24/content_5101954. htm.

教育部财务司,国家统计局社会科技和文化产业统计司(2018),*中国教育经费统计年鉴 2017*. 北京:中国统计出版社.

National Center on Education and the Economy (2020), *Shanghai-China: Learning Systems*, https://ncee. org/.

国务院妇女儿童工作委员会(2019),新时代托育服务如何走向规范多元?. 2019-11-14[2021-03-05]. http://www.cnwomen.com.cn/2019/11/14/99180274.html.

国务院妇女儿童工作委员会(2017),3 岁以下婴幼儿托育服务需求调查. 2017-11-29[2021-03-05]. http://www.nwccw.gov.cn/2017-11/29/content_186813.htm.

OECD (2020), *TALIS 2018 Results (Volume II): Teachers and School Leaders as Valued Professionals*, TALIS, OECD Publishing, Paris, https://dx.doi.org/10.1787/19cf08df-en.

OECD (2019a), *China: Overview of the Education System*, https://gpseducation.oecd.org/.

OECD (2019b), *Education at a Glance 2019: OECD Indicators*, OECD Publishing, Paris, https://dx.doi.org/10.1787/f8d7880d-en.

OECD (2019c), *PISA 2018 Results (Volume II): Where All Students Can Succeed*, PISA, OECD Publishing, Paris, https://dx.doi.org/10.1787/b5fd1b8f-en.

OECD (2019d), *PISA 2018 Results (Volume III): What School Life Means for Students' Lives*, PISA, OECD Publishing, Paris, https://dx.doi.org/10.1787/acd78851-en.

OECD (2019e), *TALIS 2018 Results (Volume I): Teachers and School Leaders as Lifelong Learners*, TALIS, OECD Publishing, Paris, https://dx.doi.org/10.1787/1d0bc92a-en.

OECD (2019f), *Working and Learning Together: Rethinking Human Resource Policies for Schools*, OECD Reviews of School Resources, OECD Publishing, Paris, https://dx.doi.org/10.1787/b7aaf050-en.

OECD (2018a), *Education at a Glance 2018: OECD Indicators*, OECD Publishing, Paris, https://dx.doi.org/10.1787/eag-2018-en.

OECD (2018b), *Effective Teacher Policies: Insights from PISA*, PISA, OECD Publishing, Paris, https://dx.doi.org/10.1787/9789264301603-en.

OECD (2017), *Starting Strong 2017: Key OECD Indicators on Early Childhood Education and Care*, Starting Strong, OECD Publishing, Paris, https://dx.doi.org/10.1787/9789264276116-en.

OECD (2016a), *PISA 2015 Results (Volume I): Excellence and Equity in Education*, PISA, OECD Publishing, Paris, https://dx.doi.org/10.1787/9789264266490-en.

OECD (2016b), *PISA 2015 Results (Volume II): Policies and Practices for Successful Schools*, PISA, OECD Publishing, Paris, https://dx.

doi. org/10. 1787/9789264267510-en.

OECD（2014a），*Education at a Glance 2014: Highlights*，OECD Publishing，Paris，https：//dx. doi. org/10. 1787/eag_highlights-2014-en.

OECD（2014b），*PISA 2012 Results: What Students Know and Can Do (Volume I，Revised edition，February 2014): Student Performance in Mathematics，Reading and Science*，PISA，OECD Publishing，Paris，https：//dx. doi. org/10. 1787/9789264208780-en.

OECD（2014c），*TALIS 2013 Results: An International Perspective on Teaching and Learning*，TALIS，OECD Publishing，Paris，https：//dx. doi. org/10. 1787/9789264196261-en.

OECD（2013），*PISA 2012 Results: What Makes Schools Successful (Volume IV): Resources，Policies and Practices*，PISA，OECD Publishing，Paris，https：//dx. doi. org/10. 1787/9789264201156-en.

OECD（2011），"Which Factors Influence the Level of Expenditure?"，in *Education at a Glance 2011: OECD Indicators*，OECD Publishing，Paris，https：//dx. doi. org/10. 1787/eag-2011-22-en.

OECD（2005），*Teachers Matter: Attracting，Developing and Retaining Effective Teachers*，Education and Training Policy，OECD Publishing，Paris，https：//doi. org/10. 1787/9789264018044-en.

Patrick，F. et al.（2010），"The Importance of Collegiality and Reciprocal Learning in the Professional Development of Beginning Teachers"，*Journal of Education for Teaching*，Vol. 36/3，pp. 277 – 289，http：//dx. doi. org/10. 1080/02607476. 2010. 497373.

Richter，D.，et al.（2011），"Professional Development Across the Teaching Career: Teachers' Uptake of Formal and Informal Learning Opportunities"，*Teaching and Teacher Education*，Vol. 27/1，pp. 116 – 126，http：//dx. doi. org/10. 1016/j. tate. 2010. 07. 008.

Rivkin，S. and J. Schiman（2015），"Instruction Time，Classroom Quality，and Academic Achievement"，The Economic Journal，Vol. 125/588，pp. F425 – F448，http：//dx. doi. org/10. 1111/ecoj. 12315.

Schmidt，M.（2008），"Mentoring and Being Mentored: The Story of a Novice Music Teacher's Success"，*Teaching and Teacher Education*，Vol. 24/3，pp. 635 – 648，http：//dx. doi. org/10. 1016/j. tate. 2006. 11. 015.

中共中央,国务院(2019),*中共中央、国务院印发《中国教育现代化2035》*. 2019-02-24[2021-04-11]. https://baijiahao. baidu. com/s? id=1626351473041230577&wfr=spider&for=pc.

Taylor, D. and A. Tashakkori (1995), "Decision Participation and School Climate as Predictors of Job Satisfaction and Teachers' Sense of Efficacy", *The Journal of Experimental Education*, Vol. 63/3, pp. 217-230, http://dx.doi.org/10.1080/00220973.1995.9943810.

UNESCO (2011), *International Standard Classification of Education (ISCED) 2011*, http://www.uis.unesco.org (accessed on 18 February 2020).

UNESCO Institute for Statistics (2020a), *Education: Gross Enrolment Ratio by Level of Education (database)*.

UNESCO Institute for Statistics (2020b), *Education: Gross Graduation Ratio (database)*, http://data.uis.unesco.org/.

UNESCO Institute for Statistics (2020c), *Methodolgy: Glossary*, http://uis.unesco.org/en/glossary.

Van Droogenbroeck, F., B. Spruyt and C. Vanroelen (2014), "Burnout Among Senior Teachers: Investigating the Role of Workload and Interpersonal Relationships at Work", *Teaching and Teacher Education*, Vol. 43, pp. 99-109, http://dx.doi.org/10.1016/j.tate.2014.07.005.

Xiaofu, P. and Q. Qiwen (2007), "An Analysis of the Relation Between Secondary School Organizational Climate and Teacher Job Satisfaction", *Chinese Education & Society*, Vol. 40/5, pp. 65-77, http://dx.doi.org/10.2753/ced1061-1932400507.

第四章

课程与教学

本章论述了中国教育体系中典型的教学和学习实践,特别注重实践与学生学习结果之间的积极联系。本章还探讨了中国国家课程的一些主要特点,并论述了其与学生为未来做准备的相关性。

21世纪出现的趋势要求我们的教育体系作出调整,以适应当今知识驱动型社会不断发展的需求。由于课程设置了学生学习的内容,今天的课程也需要定期更新,以使学习更具社会实用性。为了适应当今世界的需要,课程设计应该着眼于学生持续发展的能力,以帮助他们在不确定的未来茁壮成长。

为了实现这一目标,课程需要帮助学生发展广泛的面向未来的能力,包括但不限于数字技能、社会情感能力以及财经素养。此外,在注重核心能力的同时,课程还应进一步培养学生的变革能力。变革能力是指使学生能够积极改造社会和塑造未来的能力。

然而,理论不是实践。教学和学习实践是将课程设想转化为学生学习内容的决定性因素。因此,教育体系需要成功的、基于证据的教学和学习实践的信息,并加以实施,才能充分发挥作用。

本章从课程和教学两个角度考察了中国教育体系。第一部分聚焦中国课程。由于目前没有分析中国课程的国际对标研究,本节提供了独家信息。此外,本章还探讨了中国课程的社会实用性,以帮助学生为未来做好准备。第二部分根据现有数据,考察了中国教师在课堂上的教学方式和学生的学习方式。同时,本节还分析了与其他表现优异的教育体系比较时,中国教育体系在教学和学习实践方面的显著特点。

开发一个能让学生为未来做好准备的课程框架

课程框架作为一套清晰可定义的标准,规定了学生需要学习的内容,并应与社会经济发展需要相适应。由于学生是通过课程获得知识和技能,课程规定了学生应该知道和能够做什么,这在一定程度上反映了一个国家的社会经济优先事项。

课程框架通常被认为是基于标准的教育设计的一个关键部分,它不仅关注内容的传授,而且关注每个学生应该达到的标准。课程标准是学生测评的核心,但如果课程标准只是为了培养熟练的应试者或高分者,而不是培养具有理性思维和行动能力的公民,那么课程标准的目标就会被扭曲(OECD,1998)。作为一个表现优异的教育体系,它致力于培养学生为未来的发展做好准备,课程框架应涵盖学生终身发展所必需的和基本的各种能力。

21 世纪能力

越来越多的人认为,21 世纪能力不仅仅是知识和技能的获得。杜威(Dewey,1958)认为,教育除了自身之外没有其他目的;教育就是自身的目的。学习过程是人类发展的关键部分,关系到人的终身发展。然而,尽管知识和技能的获取是必要的,但对 21 世纪的学习者来说,越来越重要的是如何使用和协调知识与技能,使其与态度和价值观保持一致,以解决现实生活中的问题,满足工作和生活中的复杂需求。

广义地说,人们普遍认为能力是知识、技能、态度和价值观的动态整合(Rychen and Salganik,2003)。在开发面向未来的课程时,最基本的问题是什么知识、技能、态度和价值观应该被优先考虑,并且与当今的学习者和社会最相关。OECD 的几个项目从研究人员、政策制定者、教育工作者和学生那里收集了证据,以确定与未来高度相关的核心能力,包括但不限于:

- 认知技能,包括数字素养和数据素养
- 社会情感能力和意识,包括道德和伦理
- 健康意识,包括身心健康和幸福感
- 财经素养
- 从上述基础能力上衍生出来的变革能力:
  创造新价值
  调和紧张和困境
  承担责任(OECD,2019a)

21 世纪要求的核心能力可能比上面列出来的要广泛得多。本节主要讨论中国课程如何鼓励学生在上述未来相关能力方面的发展。由于数据资源有限,本节探讨的课程框架和政策主要是义务教育阶段的课程框架和政策。

中国课程

1988 年之前,中国一直在集中设计和管理国家课程。这种情况从 1988 年开始改变,当时中国教育部开始鼓励在国家课程框架的基础上提供多样化的教科书。自1988年以来,中央政府进行了许多改革,以完善其课程框架。这一改革进程的总趋势是将责任从中央转移到地方。目前,课程管理一般涉及国家、地方和学校三个层面。这三个层面共同负责制定适合当地情况的课程。

自21世纪初以来,中央政府进行了两次引人注目的课程改革。一是2001年开始的基础教育课程改革(教育部,2001a)。二是国务院2010年发布的《国家中长期教育改革和发展规划纲要(2010—2020年)》(国家中长期教育改革和发展规划纲要工作小组办公室,2010)。课程改革促进了从注重学生学业发展到注重学生全面发展的转变,促进了从以知识为基础的课程框架到以能力为基础的课程框架的转变。

义务教育课程设置

义务教育课程框架应为学生的终身、可持续、全面发展奠定坚实的基础。

在中国,根据教育部《义务教育课程设置实验方案》(教育部,2001b)(见图4.1),小学至初中课程主要包括语文、数学、外语、道德、艺术和综合实践活动等。该课程设置也为地方和学校提供了实施适合当地环境的其他课程的空间。

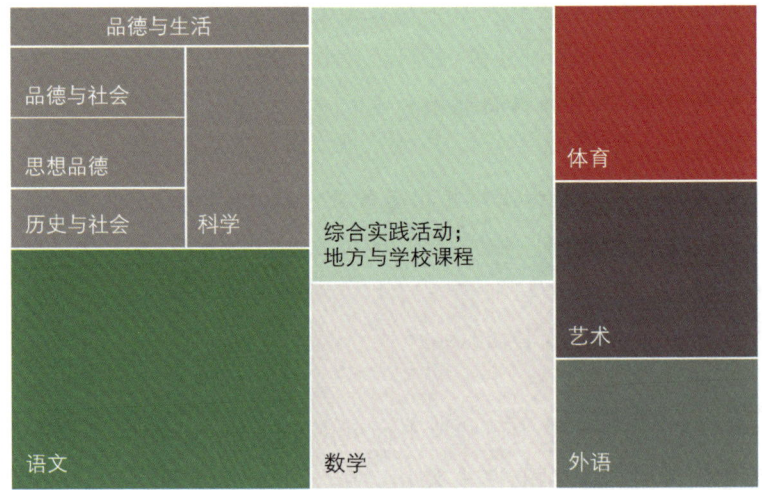

图4.1 中国ISCED 1和ISCED 2的课程设置

注:每门学科在课程设置中所占时间的比例从左至右,从上至下依次排列。道德科目由三门独立课程构成:一、二年级为"品德与生活",三至六年级为"品德与社会",七至九年级为"思想品德"。科学和外语课程从三年级开始。综合实践活动主要包括信息技术教育、研究性学习、社区服务与社会实践、劳动与技术教育。

资料来源:教育部(2001b),教育部关于印发《义务教育课程设置实验方案》的通知(教基[2001]28号). 2001 – 11 – 19[2021 – 04 – 17]. http://old.moe.gov.cn/publicfiles/business/htmlfiles/moe/moe_711/201006/88602.html.

近几十年来，作为全球能力本位教育运动的一部分，中国开始努力加强课程建设，以发展学生的核心素养（核心素养研究课题组，2016）。研究人员、教育工作者和政策制定者确定了课程应发展的核心素养清单。核心素养围绕三个维度：文化基础、自主发展和社会参与。许多被列为核心素养的能力都符合 21 世纪能力的国际论述。核心素养的主要类别如下：

- **文化基础**
  人文底蕴
  科学精神
- **自主发展**
  学会学习
  健康生活
- **社会参与**
  责任担当
  实践创新

为指导课程改革，学校应该将核心素养进一步分解为若干关键能力，并将其整合为各学科教学目标的基础。

中国如何创建一个为学生未来做准备的课程？
提高数字素养和数据素养

在发达国家，鉴于数字化几乎已经渗透到人类生活的方方面面，发展学生的数字素养和数据素养的需求正在显现。数字素养被定义为在数字环境中发现、评估和组织信息以及利用数字工具的能力；数据素养指个人阅读、处理、分析和质疑数据的能力。数字素养和数据素养都是"传统"素养的新方面，这就要求当今的课程框架作出相应改变，以提高学生的这两种"现代"素养。

根据《国家中长期教育改革和发展规划纲要（2010—2020 年）》（国家中长期教育改革和发展规划纲要工作小组办公室，2010），中国课程设置必须适应信息与通信技术带来的变化，课程内容也应作出相应更新。如图 4.1 所示，信息技术是综合实践活动课程的内容之一，与其他综合实践活动课程内容一起，占中国义务教育课程总课时的 16%—20%。

由于信息和数据有限,很难判断中国的综合实践活动课程能否有效地培养学生的数字素养。然而,PISA 2018 对中国四省市的计算机资源量进行了调查,结果显示,与 OECD 国家的平均水平相比,中国学校的计算机利用率相对较低(见第三章)。这一结果可能会妨碍中国信息技术课程的质量。

在语文课程框架中,与数字素养和其他传统素养相比,数据素养似乎受到较少的关注。在国家层面上,几乎没有课程政策明确提到培养学生数据素养的必要性。然而,《数学课程标准》表明,数学作为一门独立学科,已经涵盖了数据素养的一些内容,包括收集数据和分析数据(教育部,2011)。数据素养不仅仅是收集和分析数据,还需要更多以提高学生数据素养为目标的内容,以进一步完善当前的中国义务教育课程。

培养学生的社会情感能力

学生的社会情感能力与他们协作、执行任务、调节情绪、开放心态和与他人交往的能力直接相关(Chernyshenko、Kankaraš and Drasgow,2018)。道德和伦理价值与社会情感能力密切相关,因为拥有强烈的道德感会引导个人利用他们的社会情感能力,按照他们认为在道德上或伦理上合理的方式来思考和行动。对未来的公民来说,在应用新兴的数字技术和生物技术时,不仅要批判地思考和负责任地行动,而且要避免危险行为(如网络犯罪、非法基因工程),这一点至关重要。

中国的新课程改革将道德教育放在了优先位置,学生的社会情感能力是其关键组成部分。"道德"被设计成一门独立的科目,是每个学生的必修课。这门课程在义务教育阶段占学生总课时的 7%—9%,在为学生的社会情感能力奠定基础方面起着关键作用。这门学科的一个重要特点是它采用了广义的"道德":它倾向将社会情感能力与道德和伦理基础整合在一起作为一门综合性学科。然而,目前尚不清楚道德和伦理教育中包含多少与社会情感能力相关的内容。

一般来说,社会情感能力可以作为一个独立的科目来教授,也可以作为跨学科内容融入学校课程中。独立的社会情感能力课程有其优势:可以创建综合性的内容,学生可以享受专门的时间和资源。但是,独立课程可能会导致课程拥挤,增加学生的学习负担。在广泛的课程活动中注入社会情感学习内容是传递这些内容的另一种方式,正如在一些 OECD 国家的教育体系(如日本)中所观察到的那样。通过与中国教育工作者的交流,我们了解到,在中国,学生的社会情感能力不仅可以通过独立课程进行教学,而且还融入到了其他课程、学校活动和事件中。专栏 4.1 展示了中国学校促进社会情感能力的最新举措。

> **专栏 4.1　促进中国学校的社会情感学习**
>
> 　　中国教育部和联合国儿童基金会(United Nations International Children's Emergency Fund,UNICEF)目前正在合作,在中国学校开展和实施社会情感学习(Social and Emotional Learning,SEL)项目。该项目采用全校参与的方式来改善学校氛围,并通过安全、积极和愉快的学校环境为学生提供系统支持,以发展他们的社会情感能力。
>
> 　　这个项目通过独立课程和将学习的社会情感方面融入其他课程来促进社会情感学习。社会情感学习课程的教材是基于学习的社会情感方面(Social and Emotional Aspects of Learning,SEAL)模式开发的。该模型由英国北安普敦学习行为中心(Northampton Centre for Learning Behaviour)提供。在学习的社会情感方面模式的基础上,社会情感学习教材根据中国的教育和文化背景进行了进一步的改编。教材由 6 本书组成,分别对应一至六年级学生的社会情感需求。社会情感学习课程的一些主要特点总结如下。
>
> 　　**系统化和螺旋式课程**:社会情感学习课程针对 7 个社会情感主题。这些主题贯穿 6 个年级的学习内容。学生们能够每年回顾和提高他们关于这些社会情感主题的经验。
>
> 　　**全校参与**:在每个社会情感学习主题开始前,会举办全校聚会活动,鼓励所有师生参与与该社会情感学习主题有关的活动。
>
> 　　**发展性教学目标**:社会情感学习课程中教学目标的设计旨在支持学生的自我发展。课程的实施以促进学生的可持续发展为中心。
>
> 　　**活动教学**:教学主要以学生为中心。活动灵活开放,鼓励学生通过与他人的互动来表达自己,发展他们的社会情感能力。
>
> 　　多层次的整合活动(课堂层面、学校层面、家庭-社区层面)也有助于学生的社会情感学习。学校领导、教师和家长是参与这个项目的关键角色。

> 许多手册专门指导和培训学校领导、教师和家长如何通过家庭-学校-社区机制支持学生的社会情感发展。目前,该项目已在中国5个试点县实施。
>
> 资料来源:教育部教师工作司(2020),社会情感学习教师指导手册. 2020 - 11[2021 - 04 - 17]. https://www.unicef.cn/media/19041/file/%E7%A4%BE%E4%BC%9A%E6%83%85%E6%84%9F%E5%AD%A6%E4%B9%A0%E6%95%99%E5%B8%88%E6%8C%87%E5%AF%BC%E6%89%8B%E5%86%8C.pdf;教育部-联合国儿童基金会社会情感学习项目组(2020),社会情感学习课堂教学指导手册. https://www.unicef.cn/documents/sel-resources.

提升学生的健康和幸福感

提升学生的健康和幸福感一直是一项不可或缺的社会责任,教育作为一项社会事业应该参与其中。关于健康与幸福感的知识、技能、态度和价值观将支持学生作出健康和负责任的选择,这也被发现与他们的学习结果呈正相关(OECD,2016)。提升学生健康和幸福感还可以帮助学生在他们的社区中建立预防疾病和促进健康的机构(WHO,2016),正如2020年新冠肺炎疫情所证明的,在当今相互关联的世界中,一个社区的流行病可以迅速演变成全球性的流行病,这一点越来越重要。因此,今天的课程应该培养学生在健康和幸福感方面的知识、技能和能动性。

中国教育部要求国家课程"确保学生体育课程和课余活动时间"(国家中长期教育改革和发展规划纲要工作小组办公室,2010)。各级教育的课程都强调学生的身体健康和幸福感,特别是义务教育阶段,学校要求学生每天至少进行一小时的体育锻炼。

提升学生的心理健康和幸福感是中国义务教育课程设置的一项跨课程目标。心理健康和幸福感的内容主要通过两门学科来传递:体育和道德教育。

尽管明确强调要为学生提供体育活动,但仍不清楚体育和道德教育中有多少内容可用于发展学生的心理健康以及建立有关预防疾病和促进健康的知识与技能。要回答这些问题,需要对中国课程进行更细致的分析。

对语文课程的进一步研究表明,中国的性教育在很大程度上是不够的或结构不良的(Li,King and Winter,2009;Liu and Su,2014)。联合国教科文组织和联合国人口基金会(United Nations Population Fund,UNFPA)对30所中国中学进行的一项调查(UNESCO and UNFPA Offices in China,2018)发现,只有一半的受访学生同意"女孩应该对谁和何时结婚有发言权","在任何情况下,丈夫都不能打妻子"。与此同时,半数以上的学生对性别多样性持消极态度,甚至歧视态度。中国缺乏适当的综合性教育课程设置,可能会阻碍学生对两性平等和性别权利的认识,并对青年人的性健康和幸福感造成威胁。

培养财经素养

财经素养是作出正确的财务决策并最终实现个人财务幸福所必需的意识、知识、技能、态度和行为的结合(Atkinson and Messy,2012)。随着全球经济的日益复杂和不可预测,未来几代人将面临更具挑战性的选择,即如何妥善保护、管理、投资和消费其财经资源。此外,发展学生的财经素养有可能有助于解决收入和财富差距日益扩大的问题,因为成年人的财经知识被证明与他们的收入和财富呈正相关(Lusardi and Mitchell,2014)。

虽然学生的财经素养被认为是一项值得发展的重要能力,但世界上只有少数几个教育体系将财经教育引入了国家教育框架(见图4.2)。中国教育体系不是其中之一。事实上,PISA 2012 的结果显示,中国的大多数学校课程既没有独立的财经教育科目,也没有跨学科课程(OECD,2014)。

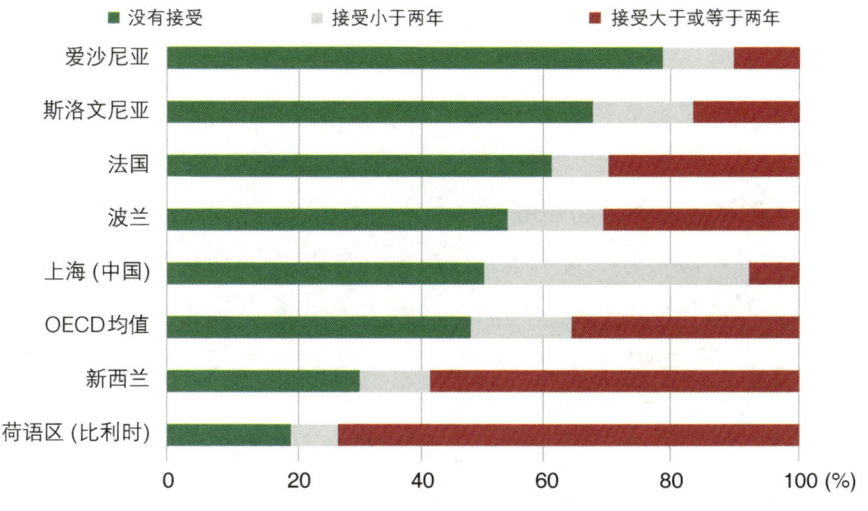

图 4.2 2015 年上海和其他表现优异的教育体系中在学校接受财经教育的学生所占百分比

注:OECD 均值是参与 PISA 2015 财经素养测评的 OECD 国家和经济体的平均值。

资料来源:Adapted from OECD(2017),*PISA 2015 Results (Volume Ⅳ): Students' Financial Literacy*,PISA,OECD Publishing,Paris,https://doi.org/10.1787/9789264270282-en.

对中国课程政策的回顾表明，发展学生的财经素养并没有成为国家课程改革的重点。然而，B-S-J-G（中国）教育体系在 PISA 学生财经素养评估（OECD，2017）中表现最好。

在中国，学生的财经素养与财经教育课程设置没有直接的联系。尽管有一半的学校没有为学生提供财经教育，但在 PISA 2012 和 PISA 2015 中，上海学生在财经素养方面的表现仍名列前茅。然而，PISA 中学生的财经素养、数学和阅读成绩之间的正相关关系（OECD，2017）表明，读写和计算能力很可能有助于提高学生的财经素养。这种模式可能为探索将财经素养内容有效融入课程提供了一个有趣的案例。

构建变革能力

变革能力是建立在认知能力、健康意识、社会情感能力等基础上的一种高级能力，它来源于核心知识、技能、态度和价值观，将这些素质整合为一个整体，使学生能够创造出一个更美好的世界。OECD"教育 2030"（Education 2030）项目确认了与未来最相关的三项关键变革能力：

- **创造新价值**意味着个人能够创新和创业（OECD，2019a），在快速变化的世界中，这是一种越来越有价值的品质。培养学生创造新价值的能力需要综合运用多种素质，包括批判性思维、创造力、适应能力、开放的心态、合作能力、敏捷性、风险管理能力、好奇心和使命感。

- **调和紧张关系和困境**被视为另一项重要的变革能力。这要求个人能够理解不同或有时相互冲突的想法和意见，并找到建设性的解决办法。塑造个人调和紧张和困境的能力的一些关键素质包括认知灵活性、观点接受能力、同理心、尊重、创造力、问题解决能力、冲突解决能力、对复杂性和模糊性的适应能力和容忍能力以及责任感。

- 同样重要的是，发展个人机构来应对挑战和困境需要个人**承担责任并考虑他们行为的后果**。承担责任意味着个人应该对背景和形势、环境和社会进行反思和批判；具有正直感、同情心、尊重与信任他人和社会的意愿；应该发展自我意识、自我调节和自我控制来管理自己的情绪和行为。

培养学生的变革能力要求教育体系提供一套课程,为学生提供平等的学习机会,全面涵盖这些目标能力的内容。尽管对变革能力的需求已得到广泛认可,但将其恰当地融入课程,尤其是在当前课程已经很拥挤的情况下,是一项相当复杂的任务。

在中国,培养学生的变革能力在课程改革中还没有被明确提出。然而,有证据表明,国家课程框架可能隐含了培养学生变革能力的一些关键要素。例如,基础教育课程改革强调,课程应该转向培养学生的创新精神,拥有道德品质,以及与他人沟通和合作的能力(教育部,2001a)。事实上,这些素质被认为是培养学生变革能力的关键因素。

塑造学生创造新价值、调和紧张关系和困境以及承担责任能力的一些关键能力,也可以追溯到中国教育部公布的几个具体学科标准,例如数学、语文和外语。然而,只有对课程进行深入分析,才能揭示课程框架在多大程度上可以涵盖足够的内容,或为学生提供足够的支持,以建立变革能力。

另一种可能的课程设置是通过综合实践活动来发展学生的变革能力。根据国家课程,综合实践活动包括信息技术教育、研究性学习、社区服务与社会实践、劳动与技术教育,这在很大程度上由各学校自行决定(教育部,2017)。如上所述,综合实践活动和其他的地方与学校课程占了所有课时的16%—20%,这给了学校和教师更大的自主权来规划和设计内容,以促进学生的变革能力。以上海为例,见专栏4.2。

专栏4.2 上海综合实践活动课程设计实例

通过户外综合实践活动培养学生的变革能力

上海一所小学以"自然资源利用户外活动"为主题,开发了综合实践活动课程。更广泛的主题是"风、水、土、光和空气"。在每一个小主题上,学校组织了一系列综合教育活动。

在"风"的小主题上,学生们首先从日常生活中的例子中提炼出对风的认识。其中一项活动是收集学生们从生活中观察到的有关风的问题。然后教师和学生一起研究答案。通过这些活动,培养了学生基于问题的思维和问题解决能力。

另一项活动是高年级学生指导低年级学生开展研究性学习。学生们

> 还被鼓励去参观发电站和风洞实验室,探索风能如何造福人类。通过这次活动,学生们发展了他们的合作能力,这对培养他们调和紧张关系和困境的能力非常重要。
>
> 　　学校还鼓励学生通过艺术表达他们的想法。学校举办了绘画和编剧比赛,学生们以"风"为主题创作作品。通过这些活动,学生们培养了创造新价值的能力。
>
> 资料来源:黄诗韵(2019),小学全学科主题创意活动课程实践案例.第17届上海国际课程论坛会议报告,2019-11-02.

促进优质教学和学习实践

　　优质教学是优质教育的核心。教学实践被认为是影响学生学习表现和结果的最重要的变量(Hattie,2012)。作为回报,学习结果为教学实践的质量提供反馈,有助于证明在课堂上什么有效,什么无效。一个可持续的表现优异的教育体系需要促进基于经验证据的有效教学实践,以确保课堂实践有效转化为学生的学习成果。

　　教师的教学实践不是一个孤立的教学过程。相反,它涉及教师知识、技能、态度和信念的多个维度。一个好的教学实践往往要求教师有效地协调他们在教学方法、教学计划、课堂管理、认知激活和学生学习知识等方面的能力,以及其他能力。

　　研究和教学经验不断丰富了有效教学实践的证据。这些证据表明,教师必须具备某种教学能力,才能进行某些教学实践。例如,以学生为中心的教学被发现有利于培养学生的创造力和数学的学习动机(Mann,2006)。要想有效地进行这种指导,教师需要在教学实践中运用相应的策略,比如给学生分配任务,让学生进行小组讨论或头脑风暴,或者让学生自己批改作业。

　　本节讨论了教师在课堂管理、清晰教学、认知激活、学生测评方面的实践以及一些创新实践,如项目式学习和信息与通信技术整合。此外,本节还考察了中国教师对创新的态度。

课堂管理：良好的纪律氛围有助于上海教师把更多的时间用于教学

课堂管理是教师教学策略的重要组成部分。适当的课堂管理能使教师建立和维护有序的课堂环境，有效地利用自己的教学时间（Barkley，Major and Cross，2013）；糟糕的课堂管理往往会导致课堂时间的浪费和分散学生对学习过程的注意力（Emmer，2014）。与 OECD 国家的平均水平相比，表现优异国家的教师往往较少使用与课堂管理有关的教学实践。这也适用于上海。一半以下的教师经常使用与课堂管理相关的实践（见图 4.3），尽管他们通常需要管

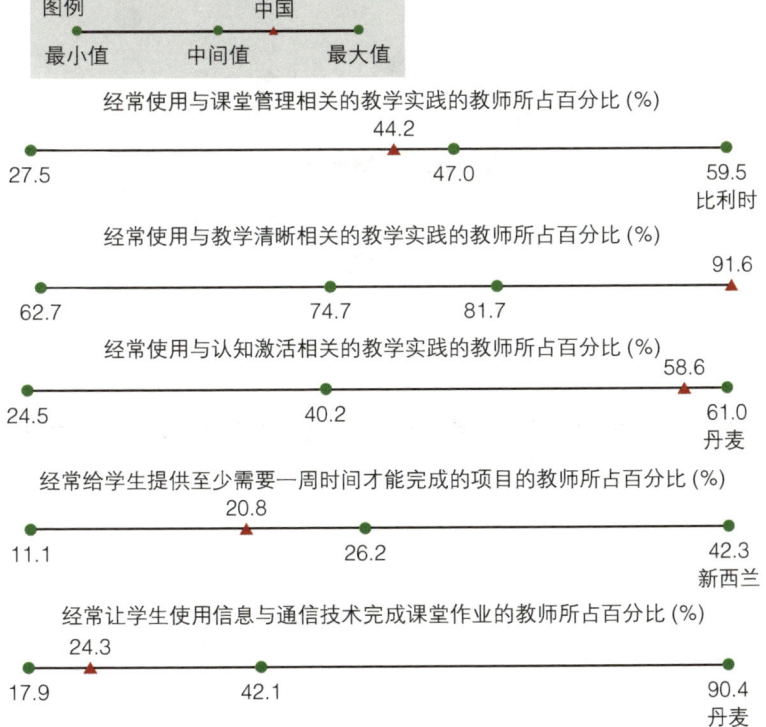

图 4.3　上海和选定的表现优异的教育体系中教学实践的比较

注：用于比较的表现优异的教育体系列表见第二章（方法）。中国的这一数据仅限于上海。

资料来源：OECD (2019b)，*TALIS 2018 Results (Volume I): Teachers and School Leaders as Lifelong Learners*，TALIS, OECD Publishing, Paris, https://doi.org/10.1787/1d0bc92a-en。

理比 OECD 国家均值班级规模更大的班级（另见第三章）。

上海教师较少使用与课堂管理相关的教学实践，这与上海学校体系中积极的纪律氛围有关。与许多 OECD 国家相比，上海学校学生的捣乱行为较少，而且大多数学生都愿意帮助教师在课堂上营造愉快的学习氛围。有序的学习环境可能会节省教师使用课堂管理实践的精力，让教师有更多的时间来实施其他教学实践。事实上，据上海教师报告，用于维持课堂秩序的上课时间不到 8%，用于实际教学的上课时间则占到了 85%。在许多表现优异的教育体系中，积极的纪律氛围和教学时间呈正相关（见图 4.4）。

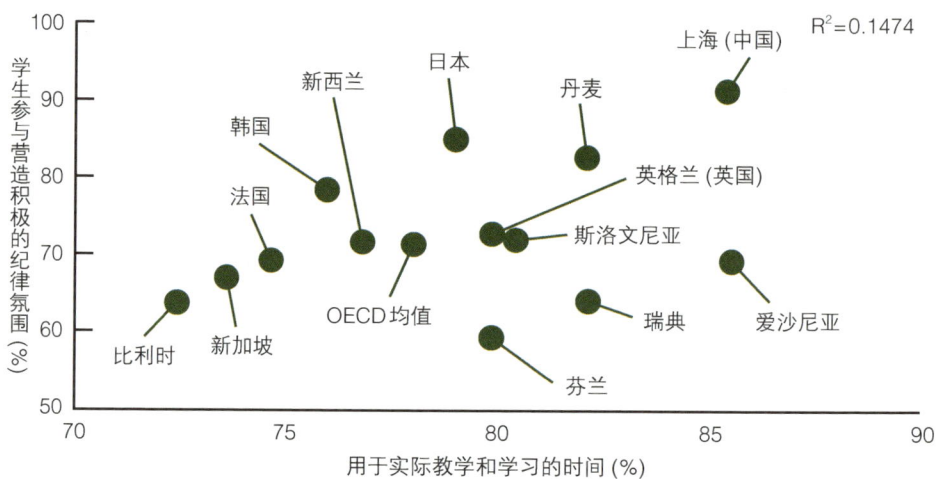

图 4.4 2018 年选定的表现优异的教育体系中用于营造积极的纪律氛围的教学和学习时间

资料来源：Authors' own work, based on OECD (2019b), *TALIS 2018 Results (Volume I): Teachers and School Leaders as Lifelong Learners*, TALIS, OECD Publishing, Paris, https://doi.org/10.1787/1d0bc92a-en.

另一个有助于形成有序氛围的重要因素是，教师设法在课堂上建立有组织、有效率的常规教学。高效的日常活动有助于教师从重复性活动中节省时间，以及在很少指导的情况下保持学生的课堂秩序。据观察，上海的课堂有着非常良好的组织和高效的常规做法（OECD, forthcoming）。这种常规做法有助于上海教师在提高课堂管理质量的同时，尽量减少用于非教学相关任务的时间。

清晰教学：上海教师最普遍的教学实践

清晰教学被定义为一组教学实践，教师用来帮助学生对一个主题形成一个清晰的理解。例如包括教师对主题的解释,提问看学生是否理解主题,举例解释主题,等等。清晰教学是有效教学的重要组成部分,与学生的成就和学习满意度直接相关(Hines,Cruickshank and Kennedy,1985)。

上海教师最倾向使用这种类型的教学实践。与其他参加 OECD TALIS 的国家和经济体相比,上海的清晰教学更为普遍(见图 4.3 和图 4.5)。教学清晰通常与教师导向型教学相联系,在这种教学中,教师扮演着解释或展示一套技能或一门学科的主要角色。PISA 的结果还表明,教师导向型教学往往是科学教师最常用的教学策略。进一步研究发现,教师对这一策略的使用与学生在科学领域的更高成绩以及追求科学职业的更高期望呈正相关(OECD,2016)。其他研究也表明,清晰教学与学生的数学兴趣和表现之间存在类似关系。

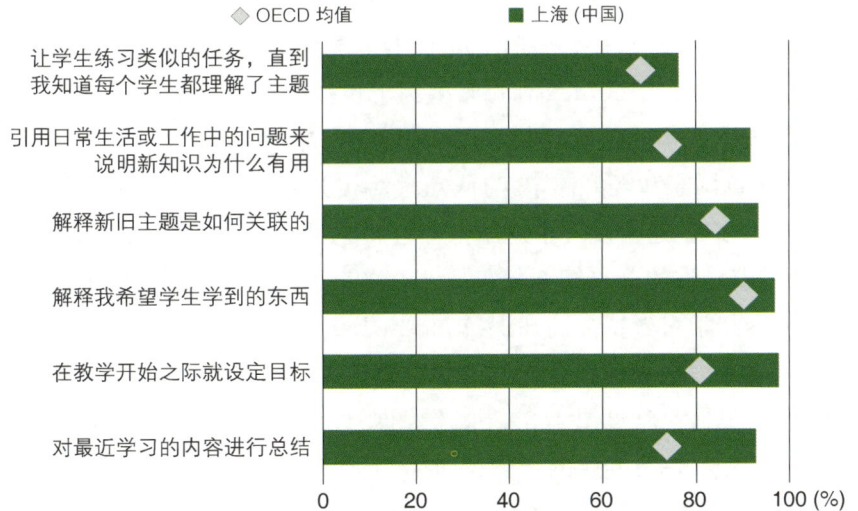

图 4.5 2018 年上海和 OECD 国家中报告自己"经常"或"总是"使用以上清晰教学实践的教师所占百分比

资料来源:OECD(2019b),*TALIS 2018 Results(Volume Ⅰ):Teachers and School Leaders as Lifelong Learners*,TALIS,OECD Publishing,Paris,https://doi.org/10.1787/1d0bc92a-en.

课堂观察还表明,上海教师经常清楚、明确地解释课堂上的学习活动和学习目标(OECD,forthcoming)。然而,在许多其他的教育体系中情况并非如此,教师在课堂上很少陈述学习目标。教学材料成为上海教师解释学习目标的有力工具。上海几乎所有的教师都通过教学材料,如讲义、学生作业和教案来明确自己的学习目标。

PISA 2015 中中国学生在科学和数学领域的表现可以证明教师使用教学清晰和教师导向型教学对中国学生的认知结果产生了积极的影响。如上所述,除了学生的学习结果外,一些研究还发现,清晰教学也有助于减少学生的破坏性行为(Nelson,Johnson and Marchand Martella,1996),这可能是上海课堂上形成积极纪律氛围的另一个因素。

认知激活:与其他表现优异的国家相比,上海教师更频繁地使用这种教学实践

与认知激活相关的教学实践旨在支持和培养学生的认知学习过程。认知激活为学生提供了整合他们的知识来解决问题的批判性思考和深入思考的机会。事实证明,教师使用认知激活被证明与学生数学成绩呈正相关(OECD,2016)。数学课中使用认知激活的典型例子包括根据学生先前的知识挑战学生的信念,或鼓励学生在小组中尝试多种问题解决方案。

在 OECD 国家和经济体中,与认知激活相关的教学实践不如与清晰教学相关的实践普遍。这一发现也适用于上海。这可能是进行有效的认知激活活动的复杂需求导致的。它们不仅需要丰富的教学知识,还需要教师对认知策略、学科内容和学习者特征的知识(Vincent-Lancrin et al.,2019)。

然而,与大多数其他表现优异的国家相比,上海教师使用与认知激活相关实践的频率相对较高(见图 4.3)。在上海课堂上可以观察到,教师经常激发学生对他们的答案、解决问题的步骤,有时甚至是抽象的想法和概念的高水平思考(见图 4.6)。此外,上海教师倾向给学生提供许多实践的机会,通过这些机会,学生可以对复杂主题有更深的理解。

任务式学习被证明是提高学生批判性思维能力的最有效的教学实践之一。由于任务经常把学生置于一个复杂的情境中,学生必须自己分析问题,并运用他们的知识来解决问题。通过这个过程,学生可以学习如何在不同的情况下迁移他们已经获得的知识,并批判性地应用这些知识来解决新的问题(Qing,Ni and Hong,2010)。然而,与 OECD 国家和经济体的平均水平相比,任务式学习在上海的课堂中并不常见(见图 4.7)。

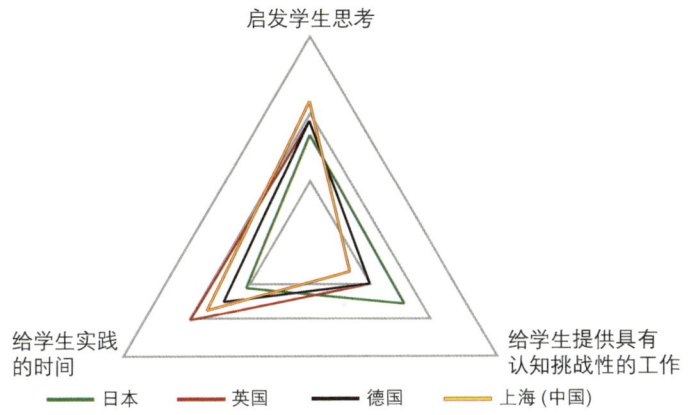

**图 4.6　四个表现优异的教育体系中教师
使用三种特定教学实践的情况**

注：分数基于视频观察员的评分，评分范围为 1—4，1 表示教师使用此类实践的程度较低，4 表示教师使用此类实践的程度较高。有关更多详细信息，请参阅 OECD(forthcoming)。

资料来源：Authors' own work, based on OECD (forthcoming), *TALIS Video Study Policy Report*, OECD Publishing, Paris.

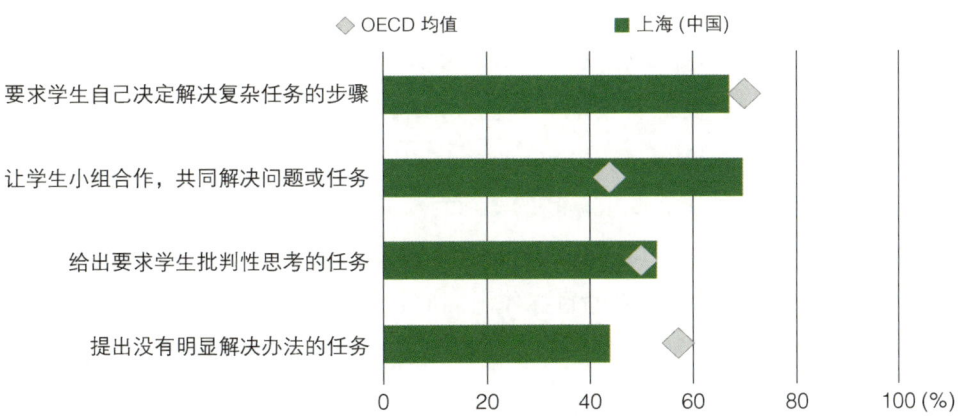

**图 4.7　2018 年上海和 OECD 国家中报告自己"经常"或"总是"
使用以上认知激活实践的教师所占百分比**

资料来源：Authors' own work, based on OECD (2019b), *TALIS 2018 Results (Volume I): Teachers and School Leaders as Lifelong Learners*, TALIS, OECD Publishing, Paris, https://doi.org/10.1787/1d0bc92a-en.

同样，项目式学习要求学生在较长的时间内完成一个项目，也是上海教师较少采用的一种教学实践（见图4.3）。尽管项目式学习是一种相对较新的教学方法，但越来越多的研究表明，它对吸引学生主动进行批判性思维有积极影响，应该被鼓励在课堂上使用（Bell，2010；Blumenfeld et al.，1991）。然而，如果教师必须教授大量的内容，这种教学策略的实施往往会受到限制，因为耗时超过一周的项目可能会对保持新教学内容的速度造成问题。在上海，还需要更多的研究来确定限制教师使用认知激活相关实践的制约因素。

教师使用以批判性思维为中心的教学策略与他们的准备、自我效能以及对批判性思维的信念和态度密切相关（OECD，2019b）。以上海为例，任务式学习活动用于批判性思维的频率相对较低，这可能与这些因素有关，这些因素影响教师在课堂上使用认知激活策略的决定。批判性思维被广泛认为是一种关键的能力，它能让学生为未来的不确定性做好准备，因为未来可能面临重大的社会和环境挑战。因此，培养学生批判性思维的教学实践具有重要意义，值得更多的研究关注。

测评在中国的使用

教育体系的任务是优化其教学和学习实践，使公民具备认知技能、社会情感能力、变革能力以及终身技能。然而，如果测评不随之改进，教学和学习实践就无法改进（Redecker and Johannessen，2013）。随着社会的发展，教育的目标也在不断发展，测评需要根据新的学习目标进行更新，以便为教学和学习实践提供有用的反馈。通过这样做，教学和学习实践的改变可以提高其有效性，从而对面向未来的教育体系的目标作出回应。

形成性评价和终结性评价是支撑教学实践的两个基本评价。形成性评价是在学习过程中进行的，在这一过程中，教师收集证据并向学生提供反馈。形成性评价被认为是21世纪学习环境的一个显著特征，在这种环境中，学习者获得持续而有意义的反馈，并反过来改善教学和学习过程（Wiliam，2010）。终结性评价测评学生的学习结果，通常是在课程或单元完成之后。终结性评价的典型方法包括期末或期中考试、章节测试或标准化测试。终结性评价通常可以直接反映学生对内容的掌握程度,并轻松衡量学生的表现(Guerriero,2017)。

在更广泛的教育体系中,终结性评价往往比形成性评价在教师实践中得到更广泛的应用(OECD,2019b)。然而,由于在当今的教育体系中,对学生进行广泛的变革能力和软技能测评的趋势日益增长,在更广泛的学生能力测评中,形成性评价的优势开始引起越来越多的关注。

这就是说,和世界上许多教育体系一样,中国教育体系同样倾向高度重视学生的终结性评价结果。标准化测试和考试是决定学生从一个教育水平到下一个教育水平的最普遍的测评实践,例如普通高等学校招生全国统一考试(高考)。中国教育体系中高风险的考试文化在研究和政策领域都引起了很大的争论。尤其是应试文化对学生幸福感的负面影响,已成为公众广泛关注的问题(China Daily,2019)。

在应试文化中,学生的分数成为决定学校体系问责的不可分割的组成部分。因此,学校和教师倾向将大部分精力投入到提高学生成绩上。因此,这导致教师很少有时间去开发支持学生全面发展的实践。除了影响教师实践外,研究还表明,终结性评价,尤其是高风险测试和考试,对学生的学习动机具有严重的负面影响(Harlen,2005)。

在形成性评价和终结性评价之间取得平衡,是纠正中国教育体系中应试文化盛行的一种可行策略。然而,推广包含形成性评价在内的教师实践并非易事。形成性评价通常要求教师具有广泛的知识和能力(Heritage,2007),要求在机构学习环境的支持下,学生对自身的学习更为负责(OECD,2005)。因此,建议将形成性评价作为一个综合体系的一部分,在该体系中,所有组成部分共同发挥作用并促进学习(Bennett,2011)。

TALIS 2018调查证据表明,从2013—2018年,教师在使用形成性评价方面有显著提高,例如,观察学生的特定任务并提供即时反馈(见图4.8)。这一趋势与教师参与学生测评实践的专业发展活动的增加相一致。上海教师对使用某些形成性评价方法的变化可能与上海学校实施的许多干预措施有关。专栏4.4是来自上海的例子,呈现了学校如何采取有效行动以促进和改善当前中国教育体系中形成性评价的实践。

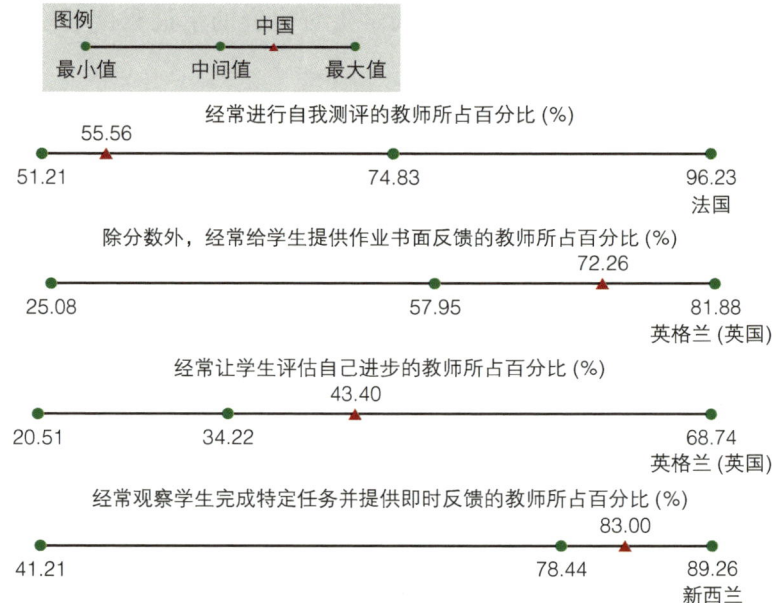

图 4.8　上海和选定的表现优异的教育体系中教学测评实践的比较

注：图中的中国数据仅限于上海。

资料来源：OECD（2019b），*TALIS 2018 Results（Volume Ⅰ）：Teachers and School Leaders as Lifelong Learners*，TALIS，OECD Publishing，Paris，https：//doi.org/10.1787/1d0bc92a-en.

> **专栏 4.3　上海制定"绿色指标"改革评价体系**
>
> 　　上海启动了一个新的评价体系，被称为"中小学生学业质量绿色指标"。这些指标旨在改进教育管理和生态。指标不仅涵盖学生的学业水平，还包括学生学习动机、学生学业负担、师生关系、学生的身心健康以及教师教学方式等。这些指标的年度发展变化将被跟踪并报告。
>
> 　　上海的市级和区级教育主管部门根据绿色指标评价的反馈意见，进一步针对管辖区域内的具体学校制定干预计划。
>
> 资料来源：Liang, X., H. Kidwai and M. Zhang (2016)，*How Shanghai Does It: Insights and Lessons from the Highest-ranking Education System in the World Human Development*，World Bank Publishing, Washington.

创新与未来的教学和学习

　　面对快速的全球变化，创新被认为是增强经济竞争力和社会发展的强大动力。教育作为提供优质人力资源的基础体系,不能也不应该在社会趋向创新的赛道中落后。

实践证明,教育创新对学生的学业成就有积极影响(Vincent-Lancrin et al.,2017)。教学创新直接反映了创新如何在课堂中实施,这对于检视教育体系中的创新水平至关重要。例如,当教育中的个性化学习概念与教学和学习实践中的创新相结合时,它将有助于促进教学和学习方法的多样化,以满足学习者的多样化学习需求。

尽管技术是促成创新的主要因素之一,但教育创新可以采取不必然包含技术的多种形式。将认识论从传统的以教师为中心的课堂转变为以学生为中心的课堂,是一种教学和学习实践变革的创新。由于以学生为中心的教育认识论鼓励学生对自己的学习过程负责,因此,认同该观点的教师和教育工作者更有可能进行创新的教学实践,例如为学生分配基于问题的任务,鼓励学生独立地获取知识,以及其他以学生为中心的学习和测评实践。因此,教师如何看待创新对课堂创新实践至关重要。如果教师首先怀疑或反对教育创新,就不可能看到教学实践创新(Owston,2006)。

在中国,大多数上海教师对同事的创新态度持肯定态度。尤其是,大多数上海教师同意他们的同事努力发展与教学和学习有关的新思想(见图4.9)。

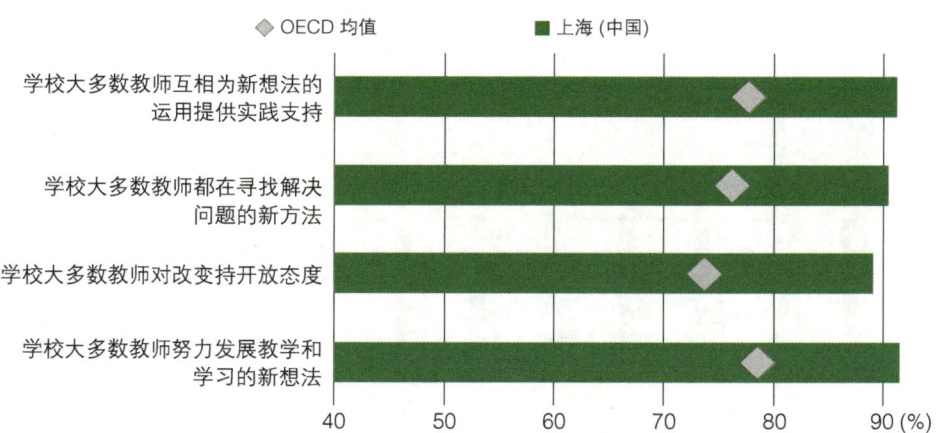

图4.9 2018年上海和OECD国家中"同意"或"强烈同意"以上陈述的教师所占百分比

资料来源:Adapted from OECD (2019b),*TALIS 2018 Results (Volume Ⅰ):Teachers and School Leaders as Lifelong Learners*,TALIS,OECD Publishing,Paris,https://doi.org/10.1787/1d0bc92a-en.

84 - 对标中国教育体系的表现：OECD 中国教育质量报告

许多 OECD 国家和经济体中的年轻教师和新手教师较少报告他们的同事愿意接受改变，但上海教师表现出不同的模式。有趣的是，上海教师对其同事对改变的开放性的看法不受其年龄和教学经验的影响。一个合理的假设可能是，不同年龄和教学经验的上海教师都积极参与到持续专业发展中来。

教师对创新的态度是决定学校创新水平的一个重要指标，而教师在日常教学中采用创新实践则是另一个重要指标。尽管创新的教学实践并不仅限于技术，但基于技术的教学实践仍然是当今课堂上最引人注目的和最广泛的创新之一。

在过去几十年里，学生在学校任务中使用信息与通信技术在许多教育体系中越来越普遍。上海也有这种情况（见图 4.10）。然而，与 OECD 国家的平均水平相比，上海教师使用信息与通信技术促进教学实践的频率仍然较低（见图 4.3 和图 4.10）。通过课堂观察发现，绝大多数上海教师在课堂上使用技术仅是用于交流，只有极少数上海教师使用技术帮助学生发展更高层次的理解（OECD，forthcoming）。这种模式存在于世界各地的许多教育体系中。技术可能对学生的学习结果没有直接影响，但它具有丰富教师工具箱和促进教学创新的潜力。如果教师不能有效地利用技术为教学和学习带来的好处，这可能是未来教育体系的损失。

图 4.10　2013 年和 2018 年上海和其他选定的表现优异的教育体系中允许学生使用信息与通信技术完成项目或课堂作业的教师实践的变化

资料来源：OECD（2019b），*TALIS 2018 Results（Volume I）：Teachers and School Leaders as Lifelong Learners*，TALIS，OECD Publishing，Paris，https：//doi.org/10.1787/1d0bc92a-en.

参 考 文 献

Atkinson, A. and F. Messy (2012), "Measuring Financial Literacy: Results of the OECD / International Network on Financial Education (INFE) Pilot Study", *OECD Working Papers on Finance, Insurance and Private Pensions*, No. 15, OECD Publishing, Paris, https://doi.org/10.1787/5k9csfs90fr4-en.

Barkley, E., C. Major and K. Cross (2013), *Collaborative Learning Techniques: A Handbook for College Faculty*, https://www.wiley.com/en-fr/Collaborative+Learning+Techniques:+A+Handbook+for+College+Faculty,+2nd+Edition-p-9781118761557. (accessed on 24 June 2019).

Bell, S. (2010), "Project-based Learning for the 21st Century: Skills for the Future", *The Clearing House: A Journal of Educational Strategies, Issues and Ideas*, Vol. 83/2, pp. 39 – 43, http://dx.doi.org/10.1080/00098650903505415.

Bennett, R. (2011), "Formative Assessment: A Critical Review", *Assessment in Education: Principles, Policy & Practice*, Vol. 18/1, pp. 5 – 25, http://dx.doi.org/10.1080/0969594x.2010.513678.

Blumenfeld, P. et al. (1991), "Motivating Project-based Learning: Sustaining the Doing, Supporting the Learning", *Educational Psychologist*, Vol. 26/3 – 4, pp. 369 – 398, http://dx.doi.org/10.1080/00461520.1991.9653139.

Chernyshenko, O., M. Kankaraš and F. Drasgow (2018), "Social and Emotional Skills for Student Success and Well-being: Conceptual Framework for the OECD Study on Social and Emotional Skills", *OECD Education Working Papers*, No. 173, OECD Publishing, Paris, https://doi.org/10.1787/db1d8e59-en.

China Daily (2019), *Nation's Teenagers Gear up for the Gaokao*, https://www.chinadailyhk.com/articles/254/110/45/1559701435005.html (accessed on 18 March 2020).

Dewey, J. (1958), *Experience and Nature*, Dover, New York.

Emmer, E. (2014), *Handbook of Classroom Management*, Routledge, http://dx.doi.org/10.4324/9780203074114.

Guerriero, S. (ed.) (2017), *Pedagogical Knowledge and the Changing Nature of the Teaching Profession*, Educational Research and

Innovation, OECD Publishing, Paris, https：//dx. doi. org/10. 1787/9789264270695-en.

Harlen, W. (2005), "Teachers' Summative Practices and Assessment for Learning — Tensions and Synergies", *The Curriculum Journal*, Vol. 16/2, pp. 207‒223, http：//dx. doi. org/10. 1080/09585170500136093.

Hattie, J. (2012), *Visible Learning for Teachers*, Routledge, http：//dx. doi. org/10. 4324/9780203181522.

Heritage, M. (2007), "Formative Assessment：What Do Teachers Need to Know and Do?", *Phi Delta Kappan*, Vol. 89/2, pp. 140‒145, http：//dx. doi. org/10. 1177/003172170708900210.

Hines, C. , D. Cruickshank and J. Kennedy (1985), "Teacher Clarity and Its Relationship to Student Achievement and Satisfaction", *American Educational Research Journal*, Vol. 22/1, pp. 87‒99, http：//dx. doi. org/10. 3102/00028312022001087.

黄诗韵(2019),小学全学科主题创意活动课程实践案例.*第17届上海国际课程论坛会议报告*,2019‒11‒02.

Liang, X. , H. Kidwai and M. Zhang (2016), *How Shanghai Does It: Insights and Lessons from the Highest-ranking Education System in the World Human Development*, World Bank, Publishing, Washington.

Li, L. , M. King and S. Winter (2009), "Sexuality Education in China：The Conflict Between Reality and Ideology", *Asia Pacific Journal of Education*, Vol. 29/4, pp. 469‒480, http：//dx. doi. org/10. 1080/02188790903309066.

Liu, W. and Y. Su (2014), "School-based Primary School Sexuality Education for Migrant Children in Beijing, China", *Sex Education*, Vol. 14/5, pp. 568‒581, http：//dx. doi. org/10. 1080/14681811. 2014. 934801.

Lusardi, A. and O. Mitchell (2014), "The Economic Importance of Financial Literacy：Theory and Evidence", *Journal of Economic Literature*, Vol. 52/1, pp. 5‒44, http：//dx. doi. org/10. 1257/jel. 52. 1. 5.

Mann, E. (2006), "Creativity：The Essence of Mathematics", *Journal for the Education of the Gifted*, Vol. 30/2, pp. 236‒260, http：//dx. doi. org/10. 4219/jeg-2006-264.

教育部(2017),*教育部关于印发《中小学综合实践活动课程指导纲要》的通知*. 2017‒09‒27[2021‒04‒17]. http：//www. moe. gov. cn/srcsite/A26/s8001/201710/t20171017_316616. html.

教育部(2011),*教育部关于印发义务教育语文等学科课程标准(2011年版)的通知*. 2011-12-28[2021-04-23]. http://old.moe.gov.cn//publicfiles/business/htmlfiles/moe/s8001/201404/xxgk_167340.html.

教育部(2001a),*教育部关于印发《基础教育课程改革纲要(试行)》的通知(教基〔2001〕17号)*. 2001-06-08[2021-04-17]. http://www.gov.cn/gongbao/content/2002/content_61386.htm.

教育部(2001b),*教育部关于印发《义务教育课程设置实验方案》的通知(教基〔2001〕28号)*. 2001-11-19[2021-04-17]. http://old.moe.gov.cn/publicfiles/business/htmlfiles/moe/moe_711/201006/88602.html.

教育部教师工作司(2020),*社会情感学习教师指导手册*. 2020-11[2021-04-17]. https://www.unicef.cn/media/19041/file/%E7%A4%BE%E4%BC%9A%E6%83%85%E6%84%9F%E5%AD%A6%E4%B9%A0%E6%95%99%E5%B8%88%E6%8C%87%E5%AF%BC%E6%89%8B%E5%86%8C.pdf.

教育部-联合国儿童基金会社会情感学习项目组(2020),*社会情感学习课堂教学指导手册*. https://www.unicef.cn/documents/sel-resources.

Nelson, J., A. Johnson and N. Marchand-Martella (1996), "Effects of Direct Instruction, Cooperative Learning, and Independent Learning Practices on the Classroom Behavior of Students with Behavioral Disorders", *Journal of Emotional and Behavioral Disorders*, Vol. 4/1, pp. 53-62, http://dx.doi.org/10.1177/106342669600400106.

OECD (2019a), *OECD Future of Education and Skills 2030: Learning Compass 2030*, OECD Publishing, Paris, https://www.oecd.org/education/2030-project/teaching-and-learning/learning/learning-compass-2030/OECD_Learning_Compass_2030_Concept_Note_Series.pdf (accessed on 23 January 2020).

OECD (2019b), *TALIS 2018 Results (Volume I): Teachers and School Leaders as Lifelong Learners*, TALIS, OECD Publishing, Paris, https://dx.doi.org/10.1787/1d0bc92a-en.

OECD (2017), *PISA 2015 Results (Volume IV): Students' Financial Literacy*, PISA, OECD Publishing, Paris, https://dx.doi.org/10.1787/9789264270282-en.

OECD (2016), *PISA 2015 Results (Volume I): Excellence and Equity in Education*, PISA, OECD Publishing, Paris, https://dx.doi.org/10.1787/9789264266490-en.

OECD (2014), *PISA 2012 Results: Students and Money (Volume VI): Financial Literacy Skills for the 21st Century*, PISA, OECD

Publishing, Paris, https://dx. doi. org/10. 1787/9789264208094-en.

OECD (2005), *Formative Assessment: Improving Learning in Secondary Classrooms*, OECD Publishing, Paris, https://dx. doi. org/10. 1787/9789264007413-en.

OECD (1998), *Making the Curriculum Work*, OECD Publishing, Paris, https://dx. doi. org/10. 1787/9789264163829-en.

OECD (forthcoming), *TALIS Video Study Policy Report*, OECD Publishing, Paris.

Owston, R. (2006), "Contextual Factors that Sustain Innovative Pedagogical Practice Using Technology: An International Study", *Journal of Educational Change*, Vol. 8/1, pp. 61 – 77, http://dx. doi. org/10. 1007/s10833 – 006 – 9006 – 6.

Qing, Z., S. Ni and T. Hong (2010), *Developing Critical Thinking Disposition by Task-based Learning in Chemistry Experiment Teaching*, Elsevier, http://dx. doi. org/10. 1016/j. sbspro. 2010. 03. 731.

Redecker, C. and Ø. Johannessen (2013), "Changing Assessment — Towards a New Assessment Paradigm Using ICT", *European Journal of Education*, Vol. 48/1, pp. 79 – 96, http://dx. doi. org/10. 1111/ejed. 12018.

Rychen, D. and L. Salganik (2003), *Key Competencies for a Successful Life and a Well-functioning Society*.

核心素养研究课题组(2016),中国学生发展核心素养. *中国教育学刊*,(10),1 – 3.

国家中长期教育改革和发展规划纲要工作小组办公室(2010),*国家中长期教育改革和发展规划纲要(2010—2020 年)*. 2010 – 07 – 29[2021 – 04 – 17]. http://www. moe. gov. cn/srcsite/A01/s7048/201007/t20100729_171904. html.

UNESCO and UNFPA Offices in China (2018), *Implementation of Sexuality Education in Middle Schools in China*.

Vincent-Lancrin, S. et al. (2019), *Fostering Students' Creativity and Critical Thinking: What it Means in School*, Educational Research and Innovation, OECD Publishing, Paris, https://dx. doi. org/10. 1787/62212c37-en.

Vincent-Lancrin, S. et al. (2017), *Measuring Innovation in Education: A Journey to the Future*, OECD Publishing, Paris, https://www. oecd. org/education/ceri/Measuring_Innovation_16x23_ebook. pdf.

WHO (2016), "The Ottawa Charter for Health Promotion", *WHO*.

Wiliam, D. (2010), "The Role of Formative Assessment in Effective Learning Environments", in *The Nature of Learning: Using Research to Inspire Practice*, OECD Publishing, Paris, https://dx.doi.org/10.1787/9789264086487-8-en.

第五章
结　果

本章从学生表现和公平方面分析了中国教育体系与其他表现优异的教育体系相比的相对地位,从认知结果和非认知结果两个方面分析了对教育表现影响最大的因素。从个体、学校和教育体系层面考察这些因素,并与其他表现优异国家的相应数据进行比较。

为公民提供充分发挥其潜能所必需的知识和技能，为一个日益相互联系的世界作出贡献，并最终将更好的技能转化为更好的生活，这是全世界教育体系的政策制定者的首要任务。PISA 中对学生认知技能和非认知技能的测量表明，各国离实现这一目标有多接近。同时，PISA 可以通过考察教育体系在多大程度上为所有学生提供从教育中获益的公平机会，帮助各国更好地了解教育的公平程度，而不论他们的家庭背景或性别如何。许多基于 PISA 的现有研究一致发现，更大的公平与高质量之间存在正相关关系，这使公平成为成功教育体系最重要的特征之一。

2018 年，中国的四个地区（北京、上海、江苏、浙江）参加了 PISA 测评，其测评结果在数学、科学和阅读排名中名列前茅。尽管中国东部的这四个地区并不代表整个中国，但每个地区的规模可以与典型的 OECD 国家相当，它们的总人口超过 1.8 亿。中国这四个地区的收入水平远低于 OECD 国家的平均水平，这使它们的成就更为显著。

本章从认知结果和非认知结果两个方面分析与其他表现优异的教育体系相比，中国教育体系在学生表现和公平方面的相对地位。如第二章（方法）所述，本章和本报告所述的表现优异的教育体系包括比利时、加拿大、丹麦、爱沙尼亚、芬兰、法国、德国、爱尔兰、日本、韩国、新西兰、波兰、新加坡、斯洛文尼亚、瑞典和英国。分析的重点将放在 2018 年 B-S-J-Z（中国）的结果上，小部分来自 2015 年 B-S-J-G（中国）的结果。

本章还从认知结果和非认知结果两个方面分析了对教育表现影响最大的因素。从个体、学校和教育体系层面考察这些因素，并与其他表现优异国家的相应数据进行比较。此处的目的是揭示北京、上海、江苏和浙江的教育体系与其他表现优异的教育体系的区别或相似之处，并深入研究其教育结果各个方面表现背后的实践和政策。

学生的认知学习结果

B-S-J-Z（中国）PISA 2018 的结果

总结学生表现并比较国家相对地位的最简单方法是通过研究由 PISA 测

评的每个国家和领域的学生的平均表现。PISA 还按能力水平描述学生的表现。设置多种能力水平,以帮助解释 PISA 分数。比较低于和高于基线能力水平的学生比例和达到最高能力水平的学生比例,不仅可以衡量平均成绩水平,还可以衡量特定教育体系培养卓越人才和确保最低标准的能力。后者是包容性的一个方面,即教育体系成功地保证了儿童有能力去追求人生价值。

图 5.1 显示了北京、上海、江苏和浙江与其他 16 个表现优异国家(如上所述)的学生在阅读、数学和科学领域的平均表现。从该图中可以看到许多观察结果,以及 B-S-J-Z(中国)在这三个领域中与其他表现优异国家平均表现的比较。

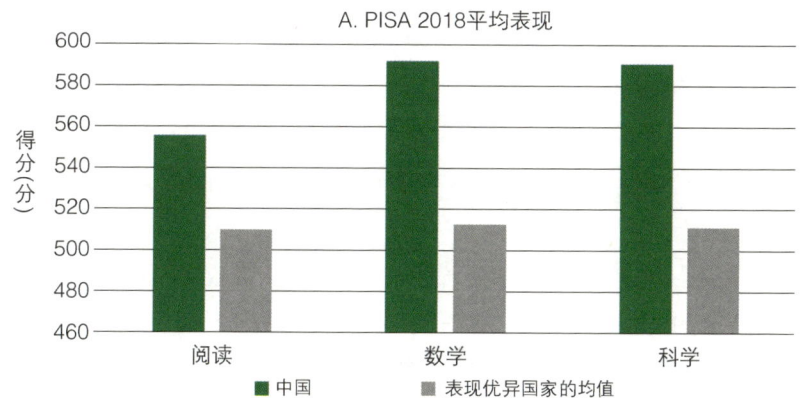

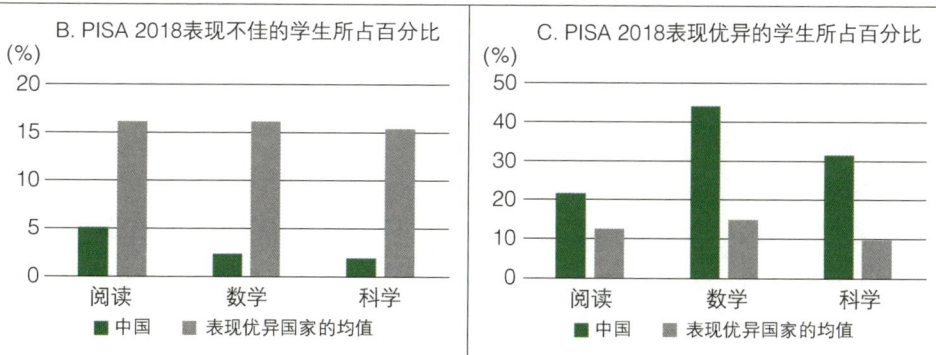

图 5.1　2018 年中国和选定的表现优异的教育体系中学生阅读、数学和科学表现的比较

注:中国的数据限于四个区域:北京、上海、江苏和浙江。

资料来源:Authors' own calculations based on OECD (2018), *PISA 2018 Database*, https://www.oecd.org/pisa/data/2018database/.

B-S-J-Z(中国)在三个领域均超过其他表现优异的教育体系

在 B-S-J-Z(中国),几乎所有学生都达到 2 级以上的阅读水平,远高于其他表现优异的教育体系的平均水平(84%)。有 22% 的 B-S-J-Z(中国)学生在阅读领域表现最好,这意味着他们在 PISA 阅读测试中达到了 5 级或 6 级。在这些水平上,学生可以理解冗长的文本,处理抽象的或不符合直觉的概念,并根据与信息内容或来源有关的隐含线索,区分事实和观点。在其他 16 个表现优异的教育体系中,平均只有 13% 的 15 岁学生表现最好。

B-S-J-Z(中国)约有 98% 的学生数学得分达到 2 级或更高水平(其他表现优异国家的均值为 84%),而 44% 的学生数学得分达到 5 级或更高水平(其他表现优异国家的均值为 15%)。6 个亚洲国家和地区数学得分达到 5 级或更高水平的学生比例最高:B-S-J-Z(中国)(44%)、新加坡(37%)、中国香港(29%)、中国澳门(28%)、中国台北(23%)、韩国(21%)。这些学生可以用数学方法对复杂情况建模,并且可以选择、比较和评估适当的问题解决策略处理它们。

B-S-J-Z(中国)约有 98% 的学生科学得分达到 2 级或更高水平,远高于其他表现优异国家的均值(85%)。在 B-S-J-Z(中国),有 32% 的学生是科学领域的佼佼者,这意味着他们达到 5 级或 6 级水平(其他表现优异国家的均值为 10%)。这些学生可以创造性地、自主地将他们的科学知识应用到各种各样的情境中,包括不熟悉的情境。

总之,中国四个地区(北京、上海、江苏和浙江)的 15 岁学生在数学、科学领域远超过其他 16 个表现优异的教育体系的同龄人,在阅读领域,只有新加坡与中国非常接近(见图 5.1)。实际上,这四个地区中 10% 处境最不利学生的阅读技能也比 OECD 国家中的普通学生更好,而且与其中一些国家中 10% 处于优势地位的学生表现相当。同时,PISA 2018 测量的社会情感能力结果以及学生幸福感的其他方面也是其他表现优异国家所擅长的领域(见学生非认知结果部分)。

B-S-J-G(中国)PISA 2015 的结果

除了 2018 年的测试,中国还参加了 2015 年的 PISA 周期测试。这样应该可以进行趋势分析并绘制长时间的表现变化图。遗憾的是,参与的地区在2015年和2018年周期之间发生了变化。2015年,来自北京、上海、江苏和广东[以下简称B-S-J-G(中国)]的学生参加了测试,而2018年广东省被浙江省取代。这意味着两个周期之间的表现变化不能自动归因于教育质量的变化。因此,在本节中,将单独讨论中国的PISA 2015表现。

除阅读、数学和科学领域外,2015年PISA周期测试还包括测量学生合作问题解决能力的项目。OECD将合作问题解决能力定义为学生参与一个多个人试图通过共享和集中他们的知识、技能和努力来解决一个问题 过程的能力(OECD,2017a)[①]。它被细分为三种能力:建立和保持共识,采取正确行动来解决问题以及建立和保持团队组织。这些技能在教育和工作场所中都变得越来越重要(National Research Council,2011;Hartshorne,Heafner and Petty,2012),因为它们允许更有效地分工,优化组合不同来源的知识,并通过从各个角度整合观点来提高解决方案的创造性和质量。

B-S-J-G(中国)学生在数学领域有更好的表现,但是在合作问题解决能力和阅读技能上低于表现优异国家的同龄人

图5.2显示了在PISA 2015领域中,中国与其他表现优异国家的学生平均表现以及表现不佳的学生和表现优异的学生所占百分比的比较。2015年,中国学生的数学成绩优于其他国家的学生,但他们在阅读和合作问题解决方面的能力较弱。在科学领域,B-S-J-G(中国)与其他国家之间的差异相对较小。

B-S-J-G(中国)的优秀学生推动取得很高的数学成绩

在阅读、合作问题解决领域,B-S-J-G(中国)表现不佳的学生所占百分比相对较高,与其他表现优异国家在科学和数学领域相似。数学成绩正向的平均差异主要是由B-S-J-G(中国)的表现优异学生占较高百分比,而非表现不佳学生占较低百分比实现的。

---

① 有关PISA合作问题解决框架的更深入解释,请参见OECD(2017a)。

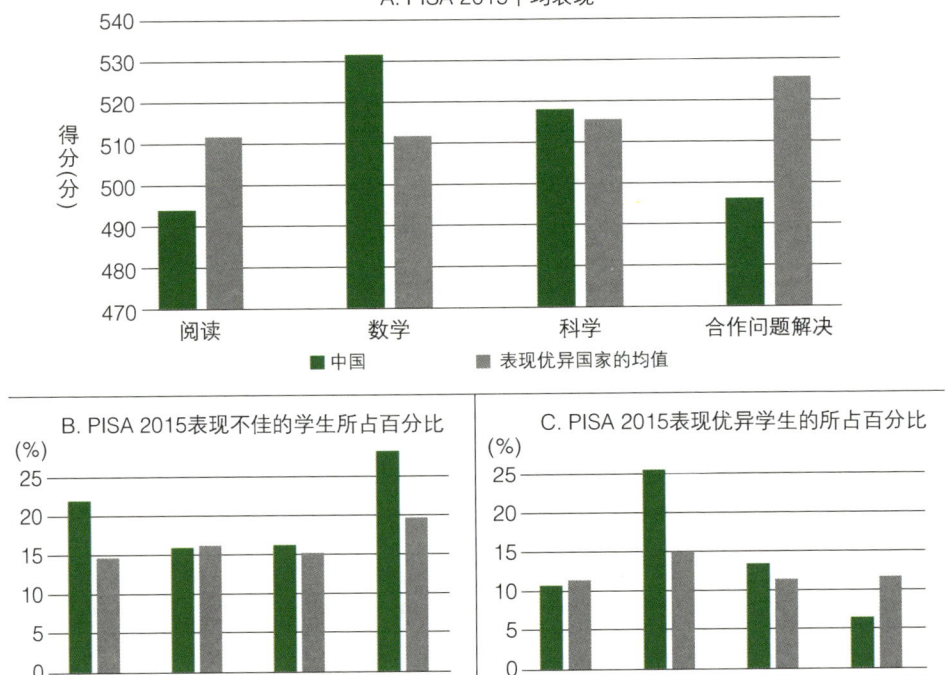

图 5.2　2015 年中国和选定的表现优异的教育体系中学生阅读、数学、科学和合作问题解决表现的比较

注：中国的数据仅限于四个区域：北京、上海、江苏和广东。
资料来源：Authors' own calculations based on OECD (2015), *PISA 2015 Database*, https://www.oecd.org/pisa/data/2015database/.

解释 2015 年和 2018 年之间的表现差异

总体而言,B-S-J-G(中国)PISA 2015 的测试结果没有 PISA 2018 测试结果出色。如前所述,由于参与地区的变化,很难比较这两个周期的结果。尽管如此,在本节中,将分解 2015 年和 2018 年之间的表现差距,以考察两个周期之间的成绩差距在多大程度上可以由两个周期间参加测试的学生可观察到的特征差异来解释。

为此,使用了瓦哈卡-布林德分解法(Oaxaca,1973;Blinder,1973)。该方法可以将特定结果的两组平均水平之间的差异分解为两部分,一部分由可观察特征中的组差异解释,另一部分由与这些特征相关的结果差异解释。图5.3呈现了2015年和2018年PISA周期之间中国学生阅读、数学和科学得分差异的分解结果。

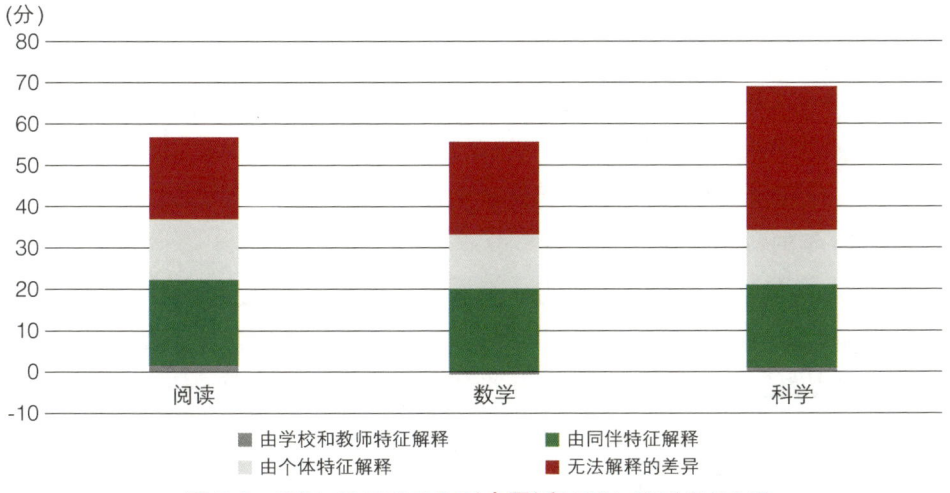

图5.3　PISA 2015 B-S-J-G(中国)和PISA 2018 B-S-J-Z(中国)差异的瓦哈卡-布林德分解

注:B-S-J-G代表北京、上海、江苏、广东;B-S-J-Z代表北京、上海、江苏、浙江。

资料来源:Authors' own calculations based on OECD (2015), *PISA 2015 Database*, https://www.oecd.org/pisa/data/2015database/ and OECD (2018), *PISA 2018 Database*, https://www.oecd.org/pisa/data/2018database/.

2015年和2018年表现差异的主要决定因素是学生的个体特征和同伴特征

就阅读领域而言,2015年和2018年65%的表现差距可以通过PISA周期间可观察到的特征差异来解释。就数学和科学领域而言,可以分别解释60%和50%的表现差距。周期之间差异的主要决定因素是学生的个体特征和同伴特征的差异。特别是,个体和同伴的社会经济状况以及参加PISA测试时学生所处的年级,在很大程度上解释了两个周期之间的表现差异。学校和教师特征差异(例如,合格教师的比例、按能力分层教学的普遍性、班级规模)的解释率相对较低。

2015年和2018年,中国学生表现的很大一部分差异不能用学生的可观察特征差异进行解释。剩下的无法解释的差异可能是由于中国教育体系的改善,也有可能是由于未观察到的学生、学校和教师特征的差异造成的。鉴于在两个周期之间采样的中国地区的变化,应谨慎解释跨时间比较的结果。

深入研究科学和阅读技能

在 PISA 中,虽然每次 PISA 测试都要评估所有学科,但每三年一个学科领域要比其他两个进行更彻底的考察。除了测评学生是否可以再现知识外,PISA 还试图考察学生在不熟悉的环境中推断和应用知识的能力。对某一特定学科领域的"子量表"技能的详细测试是一个包含大量问题的深入测评。2015 年是对科学学科领域的详细测评,2018 年是阅读学科领域。在本节中,将中国学生在不同子量表上的相对表现与其他表现优异国家的学生表现进行了比较。

2015 年的科学技能

PISA 将科学素养定义为作为一个有反思意识的公民能够参与科学思想和科学相关问题讨论的能力(OECD,2016b)[①]。要具备该素养需要三种能力:科学解释现象的能力、评估和设计科学探究的能力以及科学解释数据和证据的能力。所有这三种能力都需要获得科学知识,包括科学的学科知识(科学知识)以及程序性知识和认知性知识(有关科学的知识)。PISA 2015 包括三种能力的子量表,学科知识以及程序性知识和认知性知识的子量表,以及三个特定学科的学科子量表:物理系统知识、生命系统知识以及地球和太空系统知识。

B-S-J-G(中国)学生表现出很强的科学学科知识

图 5.4 呈现了 B-S-J-G(中国)和其他表现优异的教育体系(均值)在 PISA 2015 科学子量表总体平均科学得分上的偏差的比较。从图中可以看出,B-S-J-G(中国)学生在学科知识方面相对较强,尤其是在物理系统以及科学解释现象方面。与其他表现优异的教育体系相比,B-S-J-G(中国)在地球和太空系统、科学解释数据和证据方面略显不足。然而,从绝对的角度来看,科学素养的不同子量表之间的差异很小,这表明在 B-S-J-G(中国)以及其他表现优异的教育体系中,总体科学技能是均衡的。

2018 年的阅读技能

PISA 2018 将阅读素养定义为为达到个人目标,增长知识和发展个人潜能以及参与社会活动而对文本的理解、使用、评价、反思和参与的能力

---

① 有关 PISA 科学素养框架的更深入解释,请参见 OECD(2016)。

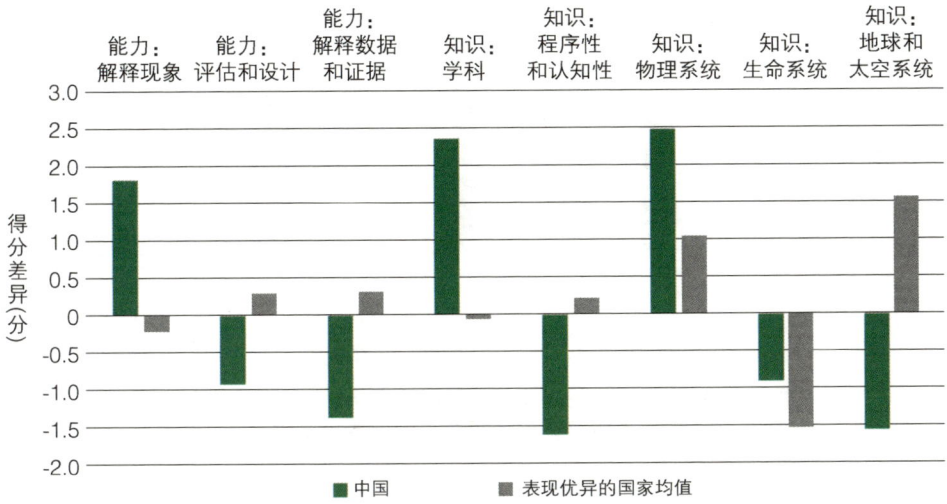

图 5.4 中国和选定的表现优异的教育体系在 PISA 2015 科学子量表总体平均科学得分上的偏差的比较

注:中国的数据仅限于四个区域:北京、上海、江苏和广东。
资料来源:Authors' own calculations based on OECD(2015),*PISA 2015 Database*,https://www.oecd.org/pisa/data/2015database/.

(OECD,2019)①。为了在此框架下提高阅读素养,学生需要能够开展广泛的阅读过程,包括文本处理。与文本处理有关的子量表测评学生的信息定位、理解所写内容以及评价和反思文本的能力。此外,还区分了单一来源文本和多来源文本。

B-S-J-Z(中国)学生在理解、评价和反思所读内容方面表现出色

在图 5.5 中,将 B-S-J-Z(中国)学生在五个阅读子量表上的相对表现与其他表现优异国家学生的平均表现进行了比较。结果表明,B-S-J-Z(中国)学生特别擅长评价和反思所读内容。这意味着他们能够超出文本的字面含义进行推理,并且能够批判性地测评所呈现信息的质量和有效性。他们还比较擅长组合多来源文本的信息。然而,其他表现优异国家的学生似乎在定位特定文本的相关信息方面相对更强。

---

① 有关 PISA 阅读素养框架的更深入解释,请参见 OECD(2019)。

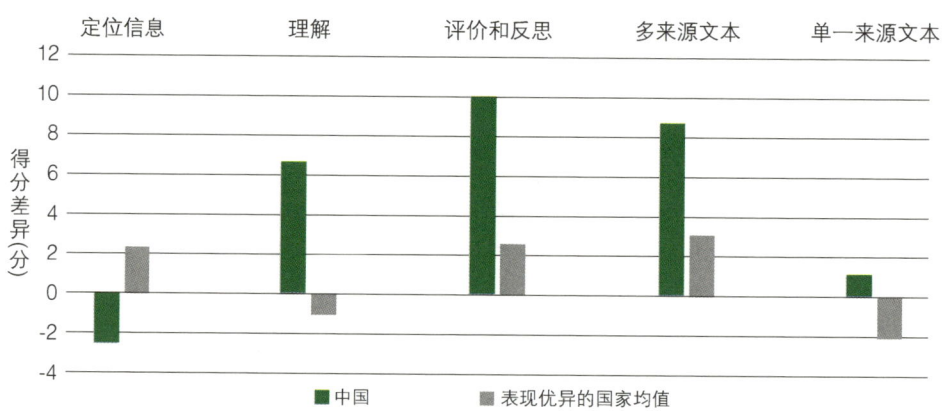

图 5.5　中国和选定的表现优异的教育体系在 PISA 2018 阅读子量表总体平均阅读得分上的偏差的比较

注：中国的数据限于四个区域：北京、上海、江苏和浙江。
资料来源：Authors' own calculations based on OECD (2018)，PISA 2018 Database，https://www.oecd.org/pisa/data/2018database/.

学生的非认知结果

除了许多制度性特征（如出色的师资力量以及在自主管理和问责之间的恰当平衡）之外，中国学生在认知领域的出色表现可以归因于东亚学习模式。这些东亚国家的学生通常具有积极的价值观和远大的抱负，并有动力在社会经济方面取得进步并通过教育完善自己（Ho，2009）。以上对认知结果的分析确实为 B-S-J-Z（中国）教育描绘了一个令人鼓舞的画面。

然而，认知结果仅描绘了教育成功的一个方面。本节将采用更全面地测量教育结果的方法，考察中国学生在社会情感状况和幸福感方面的表现。随着越来越多的证据表明，学生幸福感对健康、教育成就、社会化和社会价值观具有重要意义，学生幸福感已成为衡量教育质量的重要指标。

测量 PISA 的目标群体——15 岁学生的幸福感尤为重要，因为这个年龄段的学生正处于身体和情感发展的关键过渡阶段。询问学生关于自身的情况，可以使青少年表达自己的感受、他们对生活的看法以及是否相信自己可以成长和进步（OECD，2017b）。虽然研究不同国家学生幸福感的差异很重要，但也应注意到，比较不同国家学生的主观幸福感的平均水平具有挑战性。不同国家的学生幸福感报告的差异可能会受到文化或当地对幸福生活和幸福感定义的总体解释的影响(OECD,2019)。在本节中,将使用一些 PISA 指数比较 B-S-J-Z(中国)与 16 个表现优异国家的结果,这些指数总结了学生对有关社会情感状况及幸福感一系列问题的回答。

中国学生的社会情感状况及幸福感

B-S-J-Z(中国)学生报告的生活满意度略低于其他表现优异国家的学生

像成年人一样,儿童在快乐和对生活有强烈的目标感时会尽力而为,而在不快乐和找不到自己的意义时会痛苦。这一点对 15 岁的青少年尤其如此,他们正处于青春期——这段时期情绪和身体快速变化(Patton et al.,2016)。青春期是出现独立和自我发现的时期,某些脆弱性可能会暴露出来,并且可能对青少年及其环境产生挑战(Wigfield,Byrnes and Eccles,2006)。

在这种背景下,PISA 2015 和 PISA 2018 要求学生在 0—10 范围内对自己的生活满意度进行评分,其中"0"表示最糟糕的生活,而"10"表示最好的生活。在表现优异的国家,学生的平均生活满意度等级为 6.9(见表 5.1),表明表现优异国家的青少年"平均"对生活感到满意。即使大多数 B-S-J-Z(中国)学生对生活感到中度满意或非常满意,与其他表现优异的国家相比,B-S-J-Z(中国)学生的生活满意度仍略低。

表 5.1 2018 年中国和选定的表现优异的教育体系中学生生活满意度的比较

		报告以下生活满意度的学生所占百分比			
	平均生活满意度	不满意 (0—4)	有点满意 (5—6)	中度满意 (7—8)	非常满意 (9—10)
	均值	%	%	%	%
表现优异国家的均值	6.88	17.77	18.01	33.64	30.57
B-S-J-Z(中国)	6.64	18.7	22.1	34.2	25.0
英国	6.16	26.3	21.2	32.3	20.2
日本	6.18	24.7	25.0	30.4	19.8
韩国	6.52	22.8	20.5	30.7	26.1
爱尔兰	6.74	18.4	20.2	35.1	26.3

续　表

	报告以下生活满意度的学生所占百分比				
	平均生活满意度	不满意(0—4)	有点满意(5—6)	中度满意(7—8)	非常满意(9—10)
	均值	%	%	%	%
波兰	6.74	19.4	18.8	32.5	29.4
斯洛文尼亚	6.86	19.6	16.3	30.0	34.1
瑞典	7.01	16.6	16.7	34.1	32.6
德国	7.02	16.7	16.7	32.8	33.7
OECD均值	7.04	16.2	17.0	33.7	33.2
法国	7.19	11.8	18.6	39.1	30.5
爱沙尼亚	7.19	14.5	15.7	35.2	34.6
芬兰	7.19	10.4	12.0	34.8	42.8

注：中国的数据限于四个区域：北京、上海、江苏和浙江。国家按照学生生活满意度的升序排序，从0到10。

资料来源：Authors' own calculations based on OECD (2018), *PISA 2018 Database*, Table Ⅲ.B1.11.1, https://www.oecd.org/pisa/data/2018database/.

B-S-J-Z(中国)的15岁青少年经常体验积极和消极情绪

鉴于社会对学生幸福感的关注日益增多，PISA 2018首次向学生询问他们平时的生活感受。学生们报告了他们的积极情绪——"幸福""生气勃勃""自豪""喜悦"和"兴高采烈"，以及消极情绪——"恐惧""痛苦""担忧"和"悲伤"。积极情绪和消极情绪本身就是学生的重要结果，但也与学生的学业成长和幸福感有关。根据拓展-建构理论(broaden-and-build theory)，诸如幸福、自豪、享受和爱等积极情绪的体验，会促使学生在这个过程中去发挥、探索、追求并富有创造性，拓展和提高自己的技能(Fredrickson, 2001)。在学校情境中，积极情绪与学生的学习动机、自我效能感和参与度呈正相关，而与学业成绩则呈间接相关(King et al., 2015; Mega, Ronconi and De Beni, 2014; Weber, Wagner and Ruch, 2016)。积极情绪的影响同样超出学校范围。例如，体验积极情绪与更好的健康、更少的睡眠问题、更高的生活满意度和其他积极的生活结果相关。

总体上，在所有表现优异的国家，学生报告在生活上感觉很好(见图5.6)。在这些国家的平均水平，80%以上的学生报告"有时或总是"感到幸福、生气勃勃、喜悦和兴高采烈;68%的学生以同样的频率表示感到自豪。在所有表现优异的国家中,B-S-J-Z(中国)大多数时间感到幸福、生气勃勃或喜悦的学生所占百分比最高。总体而言,B-S-J-Z(中国)在学生"有时或总是"感受到积极情绪方面得分很高。

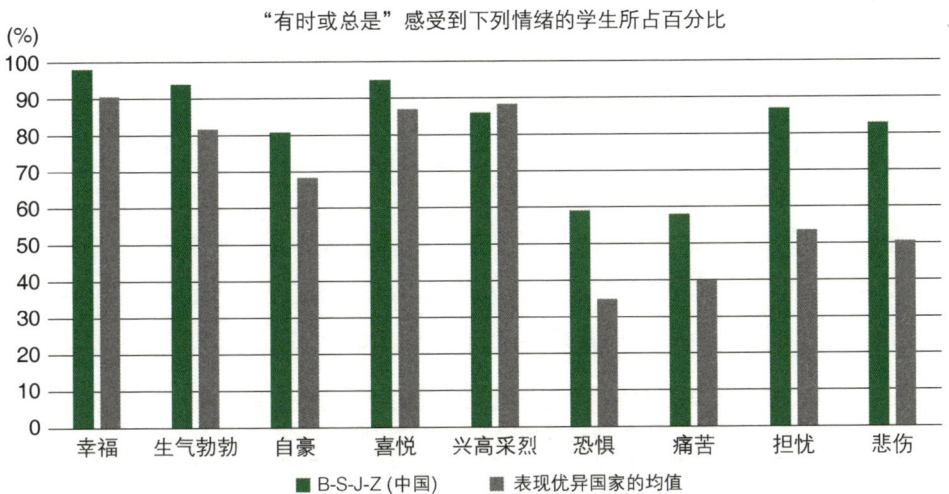

图 5.6 2018 年中国和选定的表现优异的教育体系中学生的积极情绪和消极情绪的比较
注：中国的数据限于四个区域：北京、上海、江苏和浙江。
资料来源：Authors' own calculations based on OECD (2018), *PISA 2018 Database*, Tables Ⅲ.B1.12.1 and Ⅲ.B1.12.2, https://www.oecd.org/pisa/data/2018database/.

相比之下,B-S-J-Z(中国)也有非常高百分比的学生"有时或大多数时间"感到恐惧和痛苦,感到担忧和悲伤的学生所占百分比也非常高。超过 80% 的中国学生表示他们"有时或总是"有这种感觉。虽然消极情绪在学生的生活中也起着一定的作用,例如,它们阻止人们从事危险的行为(Warr,2000),但从长远来看,它们可能是非常有害的。体验消极情绪,如悲伤、愤怒和绝望,通常与进一步的学业和生活结果呈负相关(Kuppens,Realo and Diener,2008;Ong et al.,2013;Pressman,Jenkins and Moskowitz,2019)。因此,这一结果令人担忧,但也相当令人惊讶,因为在 B-S-J-Z(中国),有非常高百分比的学生报告他们经常体验诸如幸福和喜悦之类的积极情绪。

B-S-J-Z(中国)学生有较高的自我效能感和适中的失败恐惧感

自我效能感是个体对自己有能力从事某些活动和完成特定任务的自信程

度,尤其是在面对不利环境时(Bandura,1977)。根据社会认知理论,当学生相信自己会成功时,他们更有可能为自己设定具有挑战性的目标,更加努力地去尝试,坚持的时间也更长(Bandura,1977;Ozer and Bandura,1990)。这枚硬币的另一面是失败恐惧感,这是一种避免错误的倾向,因为错误可能被认为是可耻的,可能意味着没有天赋,甚至可能是一个不确定的未来(Conroy, Willow and Metzler,2002)。

与其他表现优异的国家相比,B-S-J-Z(中国)学生具有较高的自我效能感和适中的失败恐惧感(见表 5.2)。在 B-S-J-Z(中国),超过 80% 的学生认为他们可以"用这种或那种方式管理自己","为自己的成就感到自豪",并"相信自己能渡过难关"。与许多其他亚洲国家学生更高的失败恐惧感相比,B-S-J-Z(中国)的结果和欧洲国家更相似,学生的失败恐惧感较低。只是欧洲国家的学生有一项与中国的学生不一样,那就是"当我失败时,我担心别人怎么看我"。

表 5.2 2018 年中国和选定的表现优异的教育体系中
学生自我效能感与失败恐惧感的比较

	我通常用这种或那种方式管理自己	我为自己的成就感到自豪	我觉得自己可以在同一时间处理很多事情	我相信自己能渡过难关	当我处于困境时,我通常能找到摆脱困境的方法	当我失败时,我担心别人怎么看我	当我失败时,我担心自己可能没有足够的天赋	当我失败时,我怀疑自己对未来的计划
	%	%	%	%	%	%	%	%
表现优异国家的均值	89	86	67	68	82	58	57	56
B-S-J-Z(中国)	82	90	61	81	74	78	53	51
荷语区(比利时)	89	91	64	57	83	47	44	53
丹麦	91	87	78	71	90	58	58	47
爱沙尼亚	82	85	71	71	87	46	48	45
芬兰	94	89	68	71	84	50	45	41
法国	92	87	67	59	75	47	62	62

续 表

	我通常用这种或那种方式管理自己	我为自己的成就感到自豪	我觉得自己可以在同一时间处理很多事情	我相信自己能渡过难关	当我处于困境时，我通常能找到摆脱困境的方法	当我失败时，我担心别人怎么看我	当我失败时，我担心自己可能没有足够的天赋	当我失败时，我怀疑自己对未来的计划
	%	%	%	%	%	%	%	%
德国	85	82	69	68	84	48	38	37
爱尔兰	94	90	72	66	85	64	63	65
日本	65	69	41	56	59	77	74	61
韩国	86	91	55	77	81	75	66	54
新西兰	94	93	68	66	85	65	63	68
波兰	88	90	73	69	83	54	57	58
新加坡	94	95	62	77	86	72	73	78
斯洛文尼亚	89	79	75	77	85	63	55	54
瑞典	93	74	74	66	83	53	56	53
英国	90	86	66	59	80	63	63	70

注：中国数据仅限于北京、上海、江苏和浙江四个地区。
资料来源：Authors' own calculations based on OECD (2018), *PISA 2018 Database*, Tables Ⅲ.B1.13.1 and Ⅲ.B1.13.2, https://www.oecd.org/pisa/data/2018database/.

B-S-J-Z(中国)学生有非常强的竞争力和动机，同时有中等程度的课业焦虑

PISA 提供了学生在学校和校外的成就动机指标。动机强的学生往往在学校表现更好。在 OECD 国家平均水平，动机最强的学生在科学领域的得分比那些动机最弱的学生高 38 分（相当于一年以上的学校教育）。成就动机与生活满意度的关系也是相辅相成的。对生活满意度高的学生往往具有更大的弹性，在面对学业挑战时更加顽强。积极的世界观和对生活环境的看法可以建立他们的自我效能感和成就动机；反过来，更强的成就动机，再加上已实现的成就，会让学生有人生目标感。

但是，成就动机和竞争力也会带来负面影响，尤其是在面对外部压力时。如果一定程度的紧张或担忧对动机激发和优异表现是必不可少的，那么太大的压力可能会对儿童的认知发展和心理幸福产生副作用。教师和家长都需要找到方

法来激励学生的学习动机和成就动机,而不产生过度的失败恐惧感。

从图 5.7 可以看出,B-S-J-Z(中国)学生的成就动机远强于其他许多表现优异的国家。在 B-S-J-Z(中国),超过 80% 的学生表示想成为班上最出色的学生之一,而以芬兰为例,只有 40% 的学生有这种想法。虽然在许多国家,成就动机往往与课业焦虑密切相关,但在 B-S-J-Z(中国),情况似乎并非如此,这一

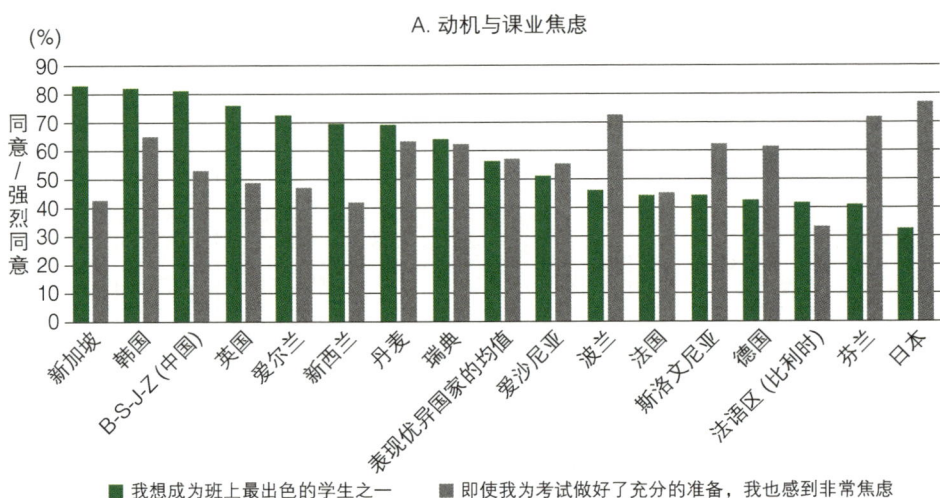

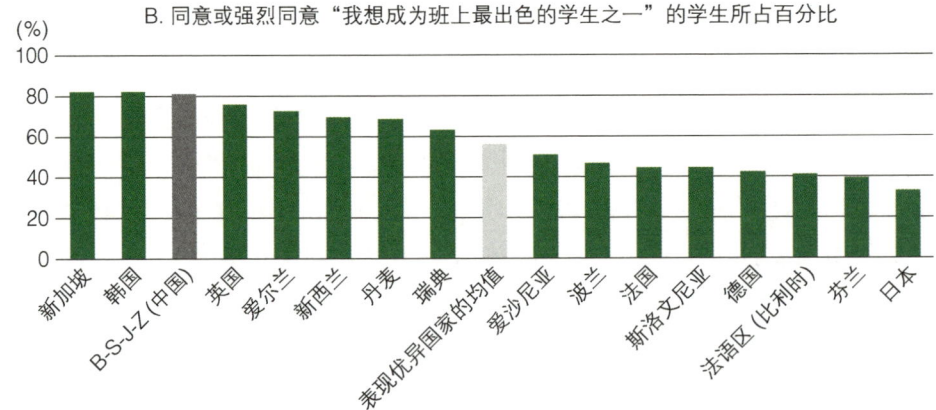

图 5.7 2015 年中国和选定的表现优异的教育体系中学生动机、对竞争的态度与课业焦虑的比较

注:中国数据仅限于北京、上海、江苏和广东四个地区。

资料来源:Authors' own calculations based on OECD (2015), *PISA 2015 Database*, https://www.oecd.org/pisa/data/2015database/.

结果接近平均水平。以前的文献表明,东亚社会的学习者比西方国家的孩子更害怕考试和测评,对自己的学校技能缺乏信心(Ho,2009)。有人认为,对这一点的解释可能是这些社会中普遍存在高风险的考试。PISA 2018 的调查结果与之前的调查结果不一致。

非认知技能与学生成就的关系

先前的研究表明,非认知技能对学业成就和以后的生活结果都很重要(Kautz et al. ,2014;Borghans,Meijers and ter Weel,2008)。本节将分析中国在 PISA 领域的学生表现与非认知技能以及幸福感的关系。我们还将研究这种关系与其他表现优异国家的关系有何不同。虽然前一节呈现了中国学生和其他表现优异国家学生之间的描述性差异,但本节回答了这些差异是否可能对提高学业成就产生影响的问题。

非认知技能与学生表现密切相关

图 5.8 显示了 B-S-J-Z(中国)学生与各种非认知技能有关的阅读、数学和

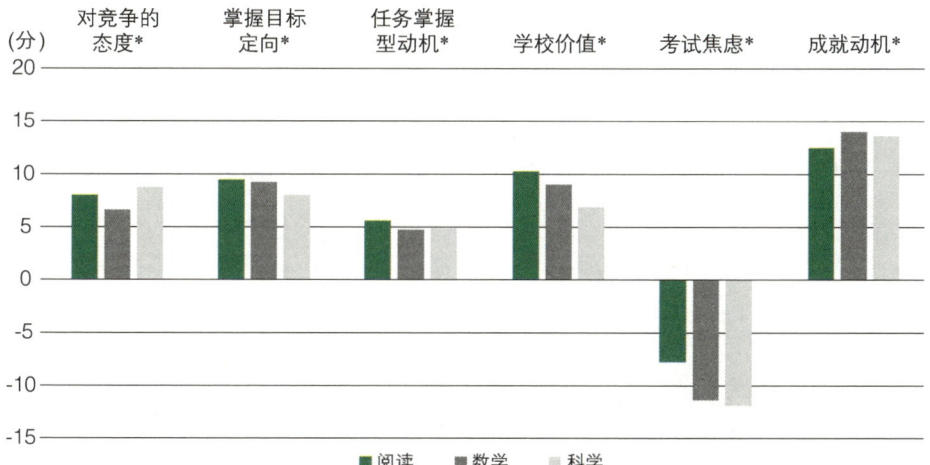

图 5.8 非认知技能与中国学生阅读、数学和科学表现的关系

注:中国的数据仅限于北京、上海、江苏和浙江四个地区,分别是对竞争的态度、掌握目标定向、任务掌握型动机和学校价值。考试焦虑和成就动机的数据仅限于北京、上海、江苏和广东。数据已对学生的社会经济背景进行控制。

*表明有统计学意义的关联($p<0.05$)。

资料来源:Authors' own calculations based on OECD (2015), *PISA 2015 Database*,https://www.oecd.org/pisa/data/2015database/ and OECD (2018), *PISA 2018 Database*,https://www.oecd.org/pisa/data/2018database/.

科学表现在一个标准差内的变化。研究结果显示,竞争力强、志向远大的学习目标和对学校价值的高度感知与学业成就呈正相关。任务掌握型动机和成就动机也会提高表现。考试焦虑得分高的学生表现更差。这些结果与先前的研究一致,即竞争可以有利于提高学生的表现(Dennis Madrid,Canas and Ortega Medina,2007;Johnson and Johnson,1974),以及考试焦虑与学业成就呈负相关(Rana and Mahmood,2010;Hancock,2001)。任务掌握型动机以及掌握目标定向也与表现的提高相关(Moeller,Theiler and Wu,2012;Ames,1992)。

学生幸福感与学生成就的关系相对较弱

在附录部分的附录图 5.A1 中,对不同学生幸福感结果的描绘得出了类似的分析结论。[①] 自我效能感越高,数学表现越好,阅读表现越差。生活满意度高、积极情绪体验丰富的学生表现得既不好也不差。有趣的是,高度感知的生活意义与认知结果呈负相关。令人惊讶的是,失败恐惧感与阅读成绩呈正相关。然而,这种关系是由阅读成绩和失败恐惧感这两个方面的性别差异驱动的。

B-S-J-Z(中国)和其他表现优异国家的非认知技能与幸福感对学业表现的影响相似

图 5.9(关于非认知技能)和附录图 5.A2(关于学生幸福感)显示了 B-S-J-Z(中国)和其他表现优异的教育体系的非认知结果与表现之间的关系。在大多数变量上,B-S-J-Z(中国)和其他表现优异国家之间的差异并不显著。然而,在其他表现优异的国家,任务掌握型动机与认知结果之间呈现出更强的正相关。在 B-S-J-Z(中国),考试焦虑与学习结果呈负相关,失败恐惧感和自我效能感对学生幸福感的影响较小。生活满意度也存在显著差异,但其影响程度也相对较低。

异质性对于解释非认知技能驱动的组间学习成就差异有重要意义

非认知技能、幸福感和学习结果之间的关系可能取决于学生的类型。因此,我们考虑了先前研究的 B-S-J-Z(中国)非认知结果在性别、社会经济背景和学校环境的城市化方面的异质性影响。男女生之间、城乡学生之间没有显著差异。然而,社会经济背景处于优势地位的学生和处境不利的学生之间存

[①] 总体而言,学生幸福感和学生成就之间的关系没有学生成就和非认知技能之间的关系那么显著。因此,描述幸福感结果的数值请参见附录图 5.A1。

在一些差异。这些分析如图5.10(关于非认知技能)和附录图5.A3(关于学生幸福感)所示。

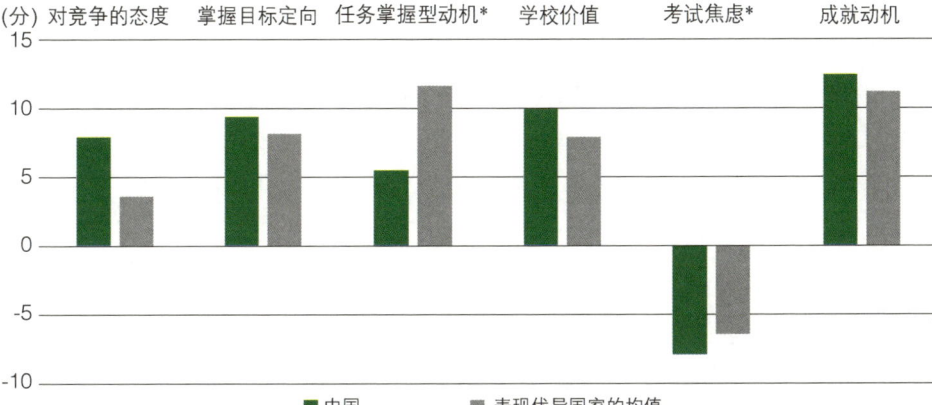

图5.9　中国和其他表现优异的教育体系中学生的非认知技能与阅读表现之间关系的比较

　　注：中国的数据仅限于北京、上海、江苏和浙江四个地区,分别是对竞争的态度、掌握目标定向、任务掌握型动机和学校价值。考试焦虑和成就动机的数据仅限于北京、上海、江苏和广东。

　　*表明中国和其他表现优异的国家之间的相关程度在统计学意义上存在显著差异($p<0.05$)。

　　资料来源：Authors' own calculations based on OECD (2015), *PISA 2015 Database*, https://www.oecd.org/pisa/data/2015database/ and OECD (2018), *PISA 2018 Database*, https://www.oecd.org/pisa/data/2018database/.

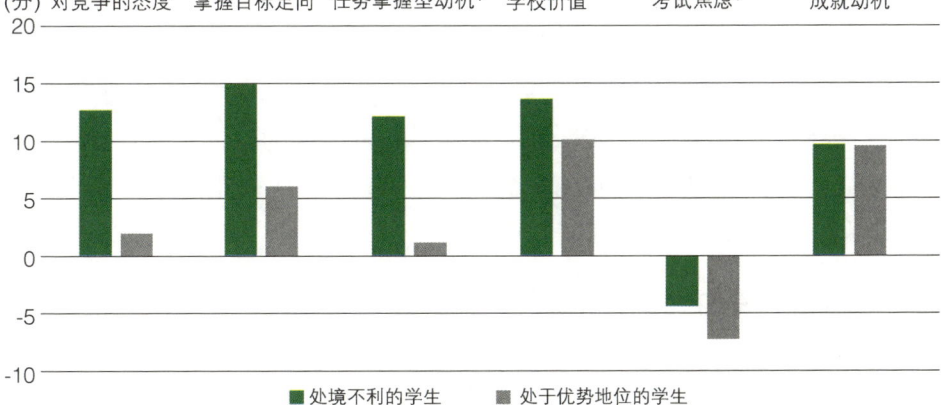

图5.10　中国处于优势地位的学生和处境不利的学生的非认知技能与阅读表现之间关系的比较

　　注：中国的数据仅限于北京、上海、江苏和浙江四个地区,分别是对竞争的态度、掌握目标定向、任务掌握型动机和学校价值。考试焦虑和成就动机的数据仅限于北京、上海、江苏和广东。

　　*表明处于优势地位的学生和处境不利的学生之间的相关程度在统计学意义上存在显著差异($p<0.05$)。

　　资料来源：Authors' own calculations based on OECD (2015), *PISA 2015 Database*, https://www.oecd.org/pisa/data/2015database/ and OECD (2018), *PISA 2018 Database*, https://www.oecd.org/pisa/data/2018database/.

竞争态度和任务掌握型动机对社会经济背景处境不利的学生更为重要

与处于优势地位的学生相比,对竞争持积极态度和高度的任务掌握型动机似乎对社会经济背景处境不利的学生更重要。志向远大的学习目标和体验积极情绪的重要性之间的差距也相对较大,但仅在 10% 的水平上显著。这些发现可能意味着,处于优势地位的学生有更多的外部刺激来完成任务(例如,高度参与的父母、私人家教),因此他们较少地依赖非认知技能来促使自己取得成绩。也有可能是高水平的非认知技能可以弥补较低水平的内在学习能力。

虽然确定这些结果背后的确切机制超出了本章的范围,但研究结果确实表明,处于优势地位的学生和处境不利的学生之间的成就差距可以得到一些改善。由于非认知技能比认知技能更具可塑性(Cunha et al., 2006),甚至到了青春期都会发生变化(Hoeschler, Balestra and Backes-Gellner, 2018),旨在提高处境不利的学生的任务掌握型动机的干预措施有助于提高这些特殊学生的学习成绩。

阅读、数学和科学领域学习表现的公平

教育的包容性和公平性要求所有儿童都能获得能够带来有效学习结果的教育机会,而不论其性别、种族或父母的财富、教育和职业如何。由于有关于参与学生背景的详细信息,PISA 可以衡量学生群体中的包容性和公平性。在本节中,我们将考察 B-S-J-Z(中国)在 PISA 研究中传统使用的最重要的公平指标上的相对表现。

中国有关学习表现公平的关键指标

B-S-J-Z(中国)学生在阅读领域的性别差异小于其他表现优异的国家

图 5.11 总结了与表现优异的教育体系的平均水平相比,B-S-J-Z(中国)的男生和女生在阅读和数学领域的表现差异。在 B-S-J-Z(中国),女生的阅读成绩比男生高 13 分。尽管在所有参与 PISA 2018 的表现优异的国家中,女生的阅读优势是普遍存在的,但 B-S-J-Z(中国)的性别差异最小。另外,传统上男生的数学表现往往优于女生,而 B-S-J-Z(中国)的数学表现差异甚至比其他大

多数表现优异的国家更大。在这种情况下，B-S-J-Z(中国)的性别差异在表现优异的国家中仅次于日本，位居第二。科学领域的性别差异也是如此。B-S-J-Z(中国)和其他表现优异的国家在三个领域的性别差异方面的差异可能表明女生在中国教育体系中处于不利地位。

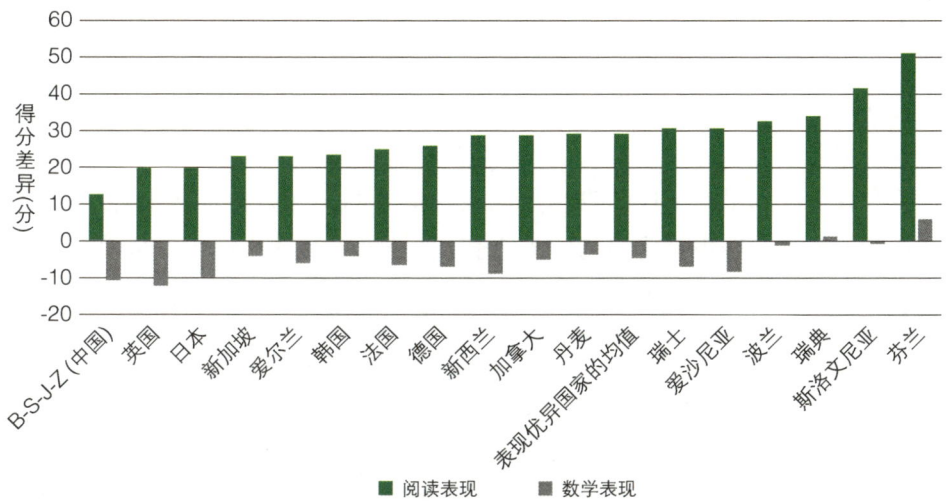

图 5.11　2018 年中国和其他表现优异的教育体系中学生的阅读和数学表现的性别差异

注：正的得分差异表示有利于女生的差异，而负的得分差异表示有利于男生的差异。中国的数据仅限于四个地区：北京、上海、江苏和浙江。

资料来源：Authors' own calculations based on OECD (2018), *PISA 2018 Database*, https://www.oecd.org/pisa/data/2018database/.

B-S-J-Z(中国)学生表现的社会经济不平等程度相对较低

对来自不同社会经济背景的学生，教育体系的公平性可以通过学生在 PISA 中的表现与学生的社会经济地位之间关系的统计分析来检验。公平的四个方面值得特别注意：(1)斜率；(2)社会经济地位与表现之间关系的强度；(3) 15 岁人口的覆盖率指数；(4)适应力强的学生所占百分比。斜率表明，在每个国家的平均水平，社会经济背景处于优势地位的学生在多大程度上比处境不利的学生表现更好。较高的斜率表明处境不利的学生和处于优势地位的学生表现得一样好的机会很小。促进教育公平和包容的政策预计将"提高和拉平"这种关系，即导致更高的水平，但较低的斜率和较弱的关系。适应力强的学生所占百分比表明，在处境最不利的学生中，卓越的教育在多大程度上是显而易见的。

表 5.3 显示了 B-S-J-Z(中国)学生在阅读和数学表现方面的社会经济不平等的主要指标。当通过斜率以及平均表现与社会经济地位之间关系的强度来检验学习结果的不平等时，B-S-J-Z(中国)的斜率相对较低，这意味着 B-S-J-Z(中国)的学生社会经济地位与平均表现的差异比 OECD 国家(均值)的差异要小。与其他表现优异的国家相比，也可以得出类似的结论。与此同时，一方面，波兰、OECD 国家均值和新加坡的学生社会经济地位与表现之间的关系至少也同样强；另一方面，在爱沙尼亚和加拿大，学生社会经济地位与表现之间的关系远弱于 B-S-J-Z(中国)。这意味着，尽管 B-S-J-Z(中国)处于优势地位的学生和处境不利学生的成绩没有其他表现优异的国家差异那么大，但与爱沙尼亚和加拿大等国更具优势的同龄人相比，处境不利学生取得好成绩的机会仍然相对较低。在 B-S-J-Z(中国)，12％处境最不利的学生能够取得优异成绩。这与许多其他表现优异的国家是一致的，除了爱沙尼亚，在那里 16％处境最不利的学生可以被归类为适应力强的学生。

表 5.3　教育中社会经济不平等的主要指标

	PISA 2018 平均阅读得分	强度：可以用 ESCS①(R^2)解释的阅读表现差异所占百分比(%)	处于优势地位的学生和处境不利学生的阅读表现差异	适应力强的学生在处境不利学生中所占百分比(%)
OECD 均值	487	12.0	89	11
表现优异国家的均值	509		86	12
B-S-J-Z(中国)	555	12.6	82	12
加拿大	520	6.7	68	14
丹麦	501	9.9	78	12
爱沙尼亚	523	6.2	61	16
芬兰	520	9.2	79	13
法国	493	17.5	107	10
德国	498	17.2	113	10
爱尔兰	518	10.7	75	13

① ESCS，原文为 economic, social and cultural status，意为经济、社会和文化地位，下文简称 ESCS。——译者注

续 表

	PISA 2018 平均阅读得分	强度：可以用ESCS（R²）解释的阅读表现差异所占百分比（%）	处于优势地位的学生和处境不利学生的阅读表现差异	适应力强的学生在处境不利学生中所占百分比（%）
日本	504	8.0	72	12
新西兰	506	12.9	96	12
波兰	512	11.6	90	11
新加坡	549	13.2	104	10
斯洛文尼亚	495	12.1	80	12
瑞典	506	10.7	89	11
瑞士	484	15.6	104	9
英国	504	9.3	80	14

注：B-S-J-Z(中国)＝北京、上海、江苏和浙江。

资料来源：Authors' own calculations based on OECD (2018)，*PISA 2018 Database*，Tables I. B1. 10，Ⅱ. B1. 2. 1，Ⅱ. B1. 2. 3 and Ⅱ. B1. 3. 1，https：//www.oecd.org/pisa/data/2018database/.

在 B-S-J-Z(中国)，基于表现和社会经济背景的学校分层程度相对较高

处于优势地位的学生和处境不利的学生之间的表现差异可能与这些学生接触优质同学的程度有关，因为先前的研究表明，同伴效应是普遍的和相当大的(Sacerdote，2011)。在高度分层的学校体系中，处境不利的学生较少有机会接触到处于优势地位的、表现优异的同伴，这可能会加剧社会经济背景下的表现差距。PISA 通过比较某个国家内学校之间和学校内部的表现与学生社会经济背景的差异和隔离指数，其中数值越高，分层程度越高，以此来测量学生在社会经济背景和表现方面被分层的程度。与学校内部相比，学校之间的差异很大，这意味着分层程度更高。社会和学业隔离指数测量社会经济背景处于优势地位（表现优异）的学生和处境不利（表现不佳）的学生在某些学校的集中程度。较高的值对应更高的隔离或分层程度。

图 5.12 显示了与其他表现优异国家的均值相比，B-S-J-Z(中国)的学生表现和学生社会经济地位总体差异中的校际差异所占比例以及社会和学业隔离指数。结果显示，中国学校的分层程度高于其他表现优异的国家。表现和学生社会经济背景的校际差异高于其他表现优异的国家。隔离指数显示，处于优势地

位的学生比处境不利的学生被隔离的程度更高,在较小程度上低成就的学生和高成就的学生也存在同样的模式。

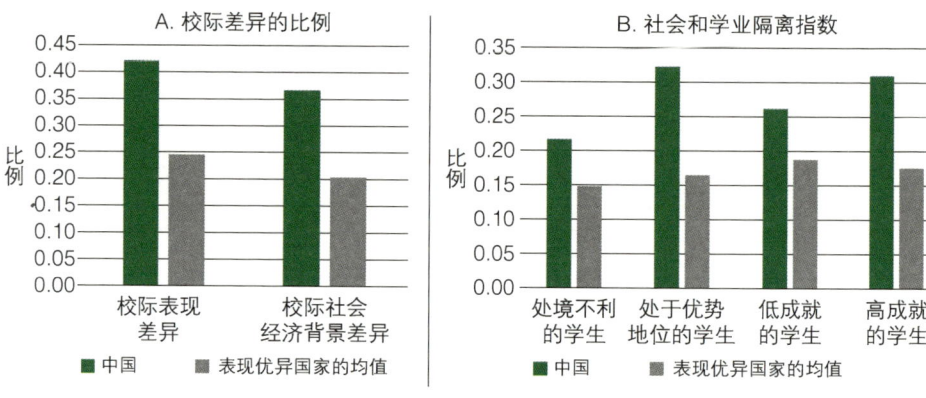

图 5.12　2018 年中国和选定的表现优异的教育体系中社会和学业分层的比较

注:中国数据仅限于北京、上海、江苏和浙江四个地区。
资料来源:Authors' own calculations based on OECD (2018),*PISA 2018 Database*,Tables Ⅱ.B1.4.1,Ⅱ.B1.4.2,Ⅱ.B1.4.6 and Ⅱ.B1.4.7,https://www.oecd.org/pisa/data/2018database/.

学生表现的城乡差异显著

在 B-S-J-Z(中国),城乡学校学生在 PISA 各领域的表现均存在显著差异,城市学校与农村学校学生在阅读方面的得分差异为 42 分,数学和科学方面的得分差异分别为 31 分和 37 分。如图 5.13 所示,这些差异大于其他表现优异

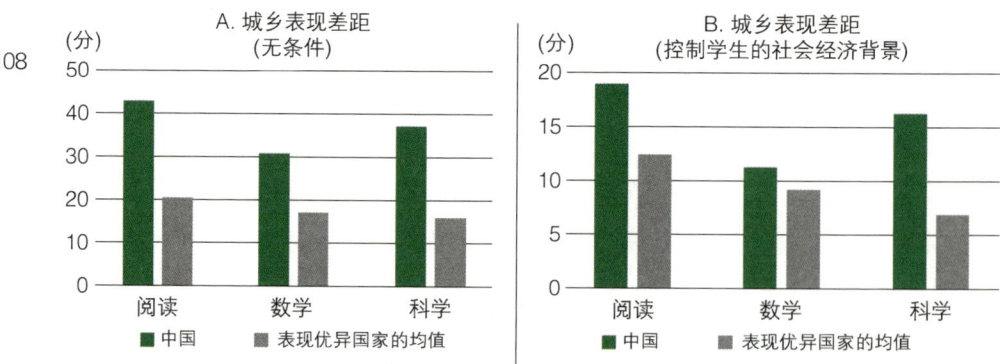

**图 5.13　2018 年中国和选定的表现优异的教育体系中城乡
学校学生在阅读、数学与科学领域的表现差距**

注:中国数据仅限于北京、上海、江苏和浙江四个地区。
资料来源:Authors' own calculations based on OECD (2018),*PISA 2018 Database*,https://www.oecd.org/pisa/data/2018database/.

国家的平均城乡表现差距。研究还表明,在控制城乡学校学生的社会经济背景差异后,成绩差距就缩小了一半。然而,即使控制这一点,B-S-J-Z(中国)的表现差距也比其他表现优异的国家大,特别是在阅读和科学领域。

学习普通课程和学习职业课程学生之间有很大的差距,但在这点上,B-S-J-Z(中国)并不是独一无二的

先前对2012年上海学生PISA表现的研究表明,普通教育学校的学生和职业教育学校的学生之间存在很大的差异(Liang, Kidwai and Zhang, 2016)。图5.14显示了2018年B-S-J-Z(中国)和其他表现优异国家的表现差距。结果表明,在所有有数据的国家,普通教育学校学生和职业教育学校学生之间的表现差距都很大。B-S-J-Z(中国)的差距小于比利时和斯洛文尼亚,与法国、日本和韩国的差距相当,特别是在控制学生的社会经济背景差异后。

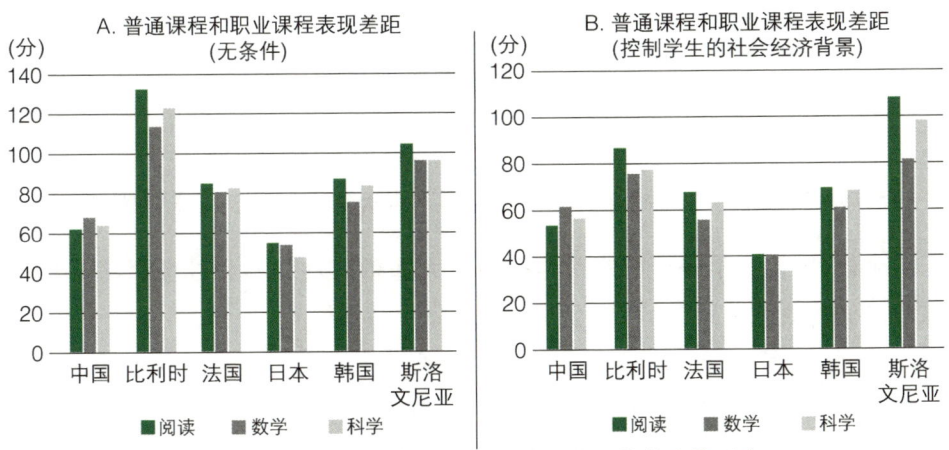

图5.14 2018年中国和选定的表现优异的教育体系中学习普通课程的学生与学习职业课程的学生的表现差距

注:中国数据限于北京、上海、江苏和浙江四个地区。
资料来源:Authors' own calculations based on OECD (2018), *PISA 2018 Database*, https://www.oecd.org/pisa/data/2018database/.

分解性别、社会经济地位和城乡差异

在本节中,我们运用瓦哈卡-布林德分解法(Oaxaca, 1973; Blinder, 1973)来研究B-S-J-Z(中国)不同学生分组之间的表现差距。本节研究了性别差异、社会经济背景差异、城乡成就差距以及普通教育学生和职业教育学生之间的差异。虽然性别差异不能被认为是男生和女生在其他可观察特征方面的差异,但城乡差距和社会经济背景处于优势地位和处境不利的学生之间的差距大多可以通过结合其他个体、同伴或学校和教师的特征来解释。参加普通课程和职业课程的学生之间的差距在很大程度上仍然无法解释。① 因此,本节的重点将放在城乡差距与有利和不利社会经济背景的分解上②,如图 5.15 和图 5.16 所示。

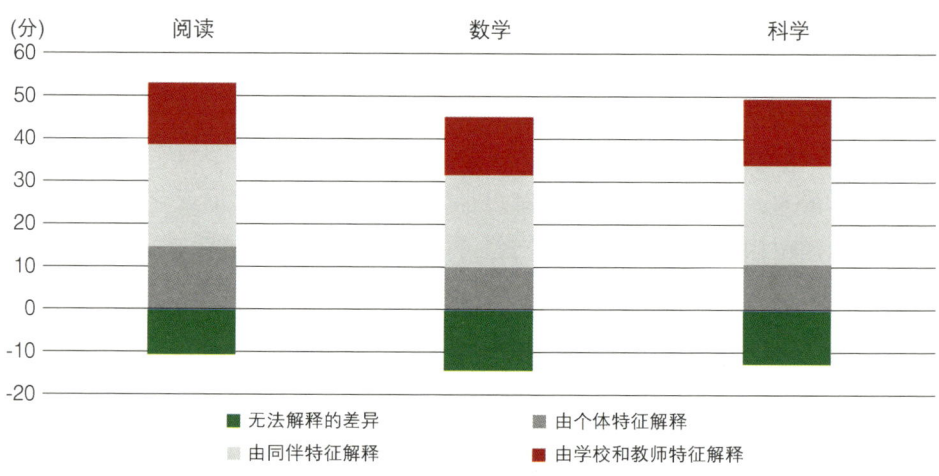

图 5.15　2018 年中国城乡学校学生阅读、数学和科学表现差距的瓦哈卡-布林德分解

个体、同伴和学校特征的差异解释了大多数有利和不利社会经济背景与城乡之间的成就差距

同伴的社会经济地位对处于优势地位的学生和处境不利的学生的表现差距起着重要作用。然而,还应指出,个体和学校的平均社会经济背景是密切相关的。因此,有些同伴效应可能被夸大了。城乡差距在一定程度上也是来自不同社会经济背景的学生之间的差距。城市学校的学生来自更有利的背景,接触到更高质量的同伴。就学校特征而言,城乡差距与有利和不利社会经济背景之间的差距部分可以由处于优势地位的学校和城市学校的纪律氛围、教师积极性和更具竞争性的学校环境的差异来解释。

由于政策制定者无法改变在特定学校就读的学生特征,个体和同伴特征

---

① 在 PISA 2018 中,许多表现优异的国家没有对职业教育学生进行调查,或者他们在被调查学生总数中所占百分比很低,因此无法计算出有意义的表现差距。
② 性别表现差距与普通教育和职业教育之间的表现差距的结果请参见附录图 5.A4 和图 5.A5。

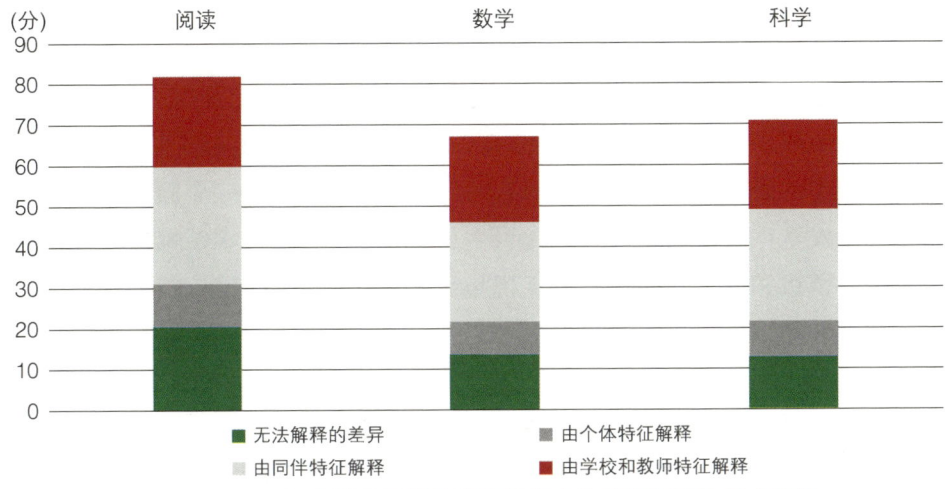

图 5.16 2018 年中国处于优势地位的学生和处境不利的学生阅读、数学与科学表现差距的瓦哈卡-布林德分解

注：中国数据仅限于北京、上海、江苏和浙江四个地区。
资料来源：Authors' own calculations based on OECD (2018)，*PISA 2018 Database*，https://www.oecd.org/pisa/data/2018database/.

造成的差距也不大可能缩小。然而，政策制定者可以努力在学校和教师层面进行干预。学校的纪律氛围和教师积极性都受到学校师资力量的影响。因此，确保公平分配能在教学中维持秩序和表现出积极性的高素质教师，有助于缩小有利和不利社会经济背景以及城乡之间的成就差距。

决定教育表现的因素

本节分析了 B-S-J-Z(中国)教育表现的决定因素。为此，采用了教育生产函数法。该框架将教育产出建模为不同投入的函数[参见例如沃斯曼因(Woessmann, 2016)和哈努谢克(Hanushek, 2002)]。在这个例子中，产出是学生在三个 PISA 领域中的表现。投入分为三组：学生特征、学校特征和教师特征。① 第一组大多不受学校体系的控制。另外两组因素反映了体系投入的数量和质量以及制度结构。基本模型稍后将扩展到包括投入因素和学生特征之间的交互作用，以研究分组之间的异质性。

---

① 教育生产函数中包含的所有变量的列表，请参见附录表 5. A1。

影响中国教育表现的因素

花在学习上的时间与提高学习表现有关,但只是在一定程度上

表5.4显示了B-S-J-Z(中国)的教育生产函数结果,解释了学生在PISA三个领域中的表现。就学生特征而言,社会经济地位与这三个领域的表现呈正相关。女生在阅读领域的表现比男生好,但在数学和科学领域的表现都比男生差。留级和低于标准年级与表现呈负相关,而高于标准年级则与较高的阅读和科学测试成绩相关。

表5.4 以学生特征、学校特征、教师特征为选择系数对中国PISA 2018三个领域表现的教育生产函数OLS回归分析

	阅读	数学	科学
学生特征			
性别	+	−	−
ESCS	+	+	+
留级	−	−	−
低于标准年级	−	−	−
高于标准年级	+	o	+
花在学习上的时间	+	+	+
花在学习上的时间的平方*	−	−	−
学校特征			
独立私立学校(民办学校)	+	+	+
政府附属私立学校(公办民营学校)	o	−	o
学校平均ESCS	+	+	+
生师比	−	o	o
竞争环境	+	+	+
所有课程的按能力分层教学	o	−	o
普通课程(与职业课程相对)	+	+	+
教师特征			
专业发展参与	+	+	+

续 表

	阅　读	数　学	科　学
纪律氛围	＋	＋	＋
教师导向型教学	－	－	－
教师反馈	－	－	－
教师积极性	＋	＋	＋

注：中国数据仅限于北京、上海、江苏和浙江四个地区。
＊"花在学习上的时间的平方"考虑了花在学习方面的额外时间的二次效应。
资料来源：Authors' own calculations based on OECD (2018), *PISA 2018 Database*, https：//www.oecd.org/pisa/data/2018database/.

每周学习时间与学习表现呈倒 U 型关系，学习时间增加到一定程度后，增加学习时间会导致更差的表现。这并不是说增加学习时间的学生必然会表现更糟。也有可能是先天能力较低的学生为了补偿而花更多的时间学习。

学生同伴的社会经济背景和竞争性的学校环境对学生表现有积极影响

就学校特征而言，就读于独立私立学校的学生在所有领域的表现都优于公立学校和政府附属私立学校的学生。同样，参加普通课程的学生比参加职业课程的学生表现更好。此外，学生同班同学的社会经济背景与学生所有领域的表现都呈显著正相关。竞争性的学校环境也与所有领域的测试成绩呈正相关。有趣的是，虽然中国的平均班级规模相当大（36—40 名学生），但似乎并不降低学生的成绩。这一发现与现有文献背道而驰，后者倾向发现更大班级规模的消极影响［例如克鲁格（Krueger，1999）］。然而，较高的生师比确实会降低阅读表现。

教师专业发展、教师积极性和积极的纪律氛围都与学生的优异表现相关

教师特征和行为也会影响学生的表现。参与专业发展的教师比例与所有领域的测试成绩呈正相关。与先前的 PISA 调查结果（OECD，2016a；Ning et al.，2015）一致，更好的纪律氛围与更好的测试成绩相关。同样与以往的文献一致，教师积极性与学生的学业成就呈正相关（Keller et al.，2014；Kunter，2013；Larkins and McKinney，1982）。然而，高水平的教师导向型教学实践会对学生的学业成就产生消极影响。有点令人惊讶的是，在教师提供教学反馈更频繁的学校，测试成绩反而更低。然而，这些结果应谨慎解释，因为这些学校教师行为的平均指数是高度相关的。

就所有这些不同投入的解释力而言,完整模型(R^2)解释了40%的测试分数差异。学生特征单独解释了22%的差异,学校特征解释了14%的差异,教师特征又解释了4%的差异。

在描述了与B-S-J-Z(中国)的学生学业成就相关的因素之后,看看同样的因素在其他表现优异的国家中是否重要,以及它们的影响程度是否相似,这是很有启发性的。为此,对B-S-J-Z(中国)和其他表现优异国家的所有学生的集合样本进行了可比较的教育生产函数OLS回归分析,其结果如表5.5所示。集合回归包括与每个解释变量的B-S-J-Z(中国)虚拟样本的交互作用,以检验每个预测因子在B-S-J-Z(中国)和其他表现优异的国家之间的影响是否不同。此外,通过纳入每个国家的虚拟样本控制国家固定效应。

表5.5 以学生特征、学校特征、教师特征为选择系数对其他表现优异的国家和中国 PISA 2018 三个领域表现的交互作用进行教育生产函数 OLS 回归分析

	在中国更为有利	在中国更为不利	在其他表现优异的国家更为有利	在其他表现优异的国家更为不利
学生特征				
性别			阅读	
ESCS			阅读、数学、科学	
留级				数学、科学
花在学习上的时间的平方*				阅读
学校特征				
独立私立学校(民办学校)	阅读、数学、科学			
政府附属私立学校(公办民营学校)		数学		
班级规模				阅读、数学、科学
学校平均ESCS			阅读、数学、科学	

续 表

	在中国更为有利	在中国更为不利	在其他表现优异的国家更为有利	在其他表现优异的国家更为不利
竞争环境	阅读、数学、科学			
教师特征				
专业发展参与	阅读、数学、科学			
纪律氛围	阅读、数学、科学			
教师反馈		阅读、科学		

注：中国数据限于北京、上海、江苏和浙江四个地区。
*"花在学习上的时间的平方"考虑了花在学习方面的额外时间的二次效应。
资料来源：Authors' own calculations based on OECD (2018), *PISA 2018 Database*，https://www.oecd.org/pisa/data/2018database/.

B-S-J-Z(中国)学生自身和同伴的社会经济背景的影响力低于其他表现优异的国家

从交互作用的角度来看，B-S-J-Z(中国)和其他表现优异的国家之间明显存在一些有趣的差异。尤其是，与其他国家相比，B-S-J-Z(中国)学生自身和同伴的社会经济背景与表现的相关性较弱。在 B-S-J-Z(中国)，男生和女生在阅读领域的差异也较小。在其他表现优异的国家，留级与数学和科学表现呈现出更强的负相关，额外学习时间的减少更快会变成负相关。

与其他表现优异的国家相比，B-S-J-Z(中国)竞争性的学校环境与学生表现的相关性更强

相对于 B-S-J-Z(中国)，其他国家进入独立私立学校就读的学生在所有领域的表现都较差，而在政府附属私立学校就读的学生的数学测试分数更高。此外，与 B-S-J-Z(中国)相比，在其他表现优异的国家中，超大班级规模与学生表现之间存在显著的负相关关系。竞争性的学校环境对中国学生更有利。

教师专业发展和积极的纪律氛围对 B-S-J-Z(中国)学生的影响更为积极

就教师特征而言，在 B-S-J-Z(中国)，教师专业发展活动对学生学业成就有正向影响，而其他国家的影响则不显著。积极的课堂纪律氛围也对中国学生产生了正向影响,但更高水平的教师反馈似乎对中国学生的负面影响更大。

一个重要的问题是,与较高表现有关的学校和教师层面的因素如何与学生的非认知结果和幸福感相关。在某些情况下,这些因素可能会改善学生的认知结果,但可能是以牺牲学生的幸福感为代价。例如,尽管竞争性的学校环境可能会提高学生的学业表现,但欲与其他班级保持同步而增加的紧张和压力可能会对学生的幸福感产生负面影响。在 B-S-J-Z(中国)这样的教育体系中,学生的学习积极性特别高,这些负面影响甚至可能更加严重。为了研究这些潜在的权衡,在教育生产函数的同一组预测变量上对各种非认知技能和幸福感结果进行了类似的 OLS 回归分析,其结果如表 5.6 所示。

表 5.6　以学生特征、学校特征、教师特征为选择系数对 B-S-J-Z(中国)学生非认知结果的教育生产函数 OLS 回归分析

	积极的情绪	幸福感	生活满意度	失败恐惧感	自我效能感	学习目标	任务掌握型动机
学校特征							
学校平均 ESCS	−	−	−				
合作环境	+	+		−	+	+	+
竞争环境			−				+
教师特征							
纪律氛围							
教师导向型教学		+	+	−			+
教师积极性						+	

注:中国数据限于北京、上海、江苏和浙江四个地区。
资料来源:Authors' own calculations based on OECD (2018), *PISA 2018 Database*, https://www.oecd.org/pisa/data/2018database/.

合作的学校环境有利于提升学生的幸福感

最一致的发现是,合作的学校环境有利于提高学生的幸福感,这与以前的研究是一致的(Johnson et al.,1981;Roseth,Johnson and Johnson,2008)。在高度合作的学校中,学生报告表现出更积极的情绪、更高的幸福感和自我效能感。他们的失败恐惧感也较低,并有更高的学习目标。相反,竞争激烈的学校环境与生活满意度下降有关。不管是合作还是竞争的环境,都与任务掌握型动机呈正相关。有趣的是,同伴优越的社会经济背景虽然对认知结果有很大帮助,但它对学生的幸福感、体验积极情绪的频率以及学生的生活满意度产生负面影响。然而,一旦将学生自身的社会经济背景从回归分析中剔除,相关就会变得不那么显著了。

学校和教师特征不能解释大部分学生的非认知技能和幸福感结果的差异

这与其他大多数学校和教师特征的发现均不一致。积极的纪律氛围虽然降低了学生的失败恐惧感,但与其他大多数结果没有关系。虽然在回归分析中,教师导向型教学实践对认知结果产生了负面影响,但与学生的生活满意度和幸福感却呈正相关,而且降低了学生的失败恐惧感。综上所述,投入因素解释的学生非认知结果的差异远小于其认知结果的差异,在回归分析中平均解释了6%的差异(R^2)。

与学生表现相关的因素在不同学生分组中非常相似

最后,分析与提高学生平均表现相关的因素对所有学生的影响是否都是相似的,或者是否有某些分组的学生从这些因素中受益更多/更少。教育生产函数中的投入变量的异质性对确定提高不同分组学生之间的教育成果公平性的潜在措施非常重要。

为此,将所有投入因素分别与学生的性别、学生的社会经济背景以及学校环境的城市化程度的交互作用进行教育生产函数 OLS 回归分析。此外,在结果分布的第 10 个百分位数和第 90 个百分位数上进行分位数回归,以分析表现不佳的学生与表现优异的学生之间的差异。结果表明,对所有不同分组都有影响的因素有着惊人的相似性。对特定类型的学生来说,没有任何投入因素与学生表现之间存在更多(或更少)的关联。这些模式与其他表现优异的国家类似。

解释表现差距

前几节显示,2018 年,中国学生在三个 PISA 领域的表现都超过了其他所有国家。在本节中,将使用瓦哈卡-布林德分解技术(Oaxaca,1973;Blinder,1973)来研究 B-S-J-Z(中国)与其他表现优异的教育体系之间的差异在多大程度上可以通过观察到的学生、同伴和学校特征的差异来解释。由于篇幅所限,本节的比较仅限于所选的 16 个表现优异的国家中的 2 个:芬兰和新加坡。分析中包含的解释变量与上一节中教育生产函数估计使用的解释变量相同。

可观察特征的差异缩小了 B-S-J-Z(中国)和表现优异的教育体系之间的表现差距

图 5.17 和图 5.18 显示了中国和新加坡之间以及中国和芬兰之间在 PISA 三个领域表现差距的瓦哈卡-布林德分解结果。最引人注目的是,B-S-J-Z(中国)和其他表现优异的国家之间在可观察特征上的差异缩小了而不是扩大了表现差距。这意味着,如果中国学生具有与其他国家相似的可观察特征,那么表现差距将比实际情况更大。深入分析导致表现差距的特征,结果表明个体和同伴的社会经济地位是最大的影响因素。中国学生在 PISA 的 ESCS 指数上的平均得分低于其他表现优异国家的学生,而这些因素与 PISA 的表现密切相关。

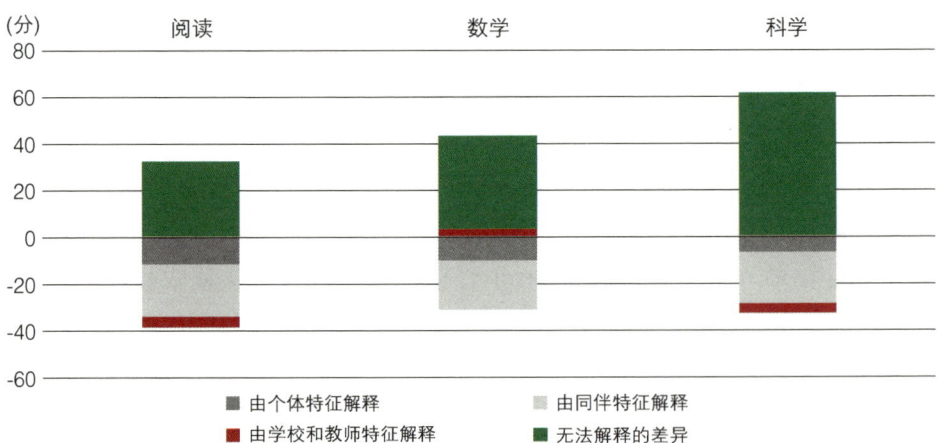

图 5.17 2018 年中国和新加坡学生阅读、数学与科学
表现差距的瓦哈卡-布林德分解

注:中国数据仅限于北京、上海、江苏和浙江四个地区。
资料来源:Authors' own calculations based on OECD (2018),*PISA 2018 Database*,https://www.oecd.org/pisa/data/2018database/.

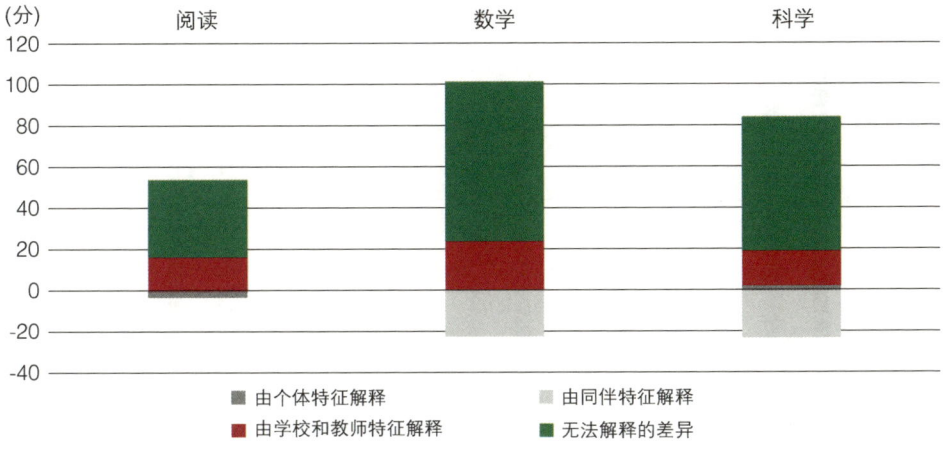

图 5.18 2018 年中国和芬兰学生阅读、数学与科学
表现差距的瓦哈卡-布林德分解

注：中国数据仅限于北京、上海、江苏和浙江四个地区。
资料来源：Authors' own calculations based on OECD (2018)，*PISA 2018 Database*，https：//www.oecd.org/pisa/data/2018database/.

纪律氛围和教师积极性的差异解释了 B-S-J-Z(中国)和芬兰之间的部分学生表现差距

学校和教师特征的差异在解释 B-S-J-Z(中国)和新加坡之间观察到的表现差距方面的作用相对较小，但是在解释 B-S-J-Z(中国)和芬兰之间的表现差距方面起着重要作用。在这一范畴中，B-S-J-Z(中国)的纪律氛围和教师积极性方面的差异都较高，这有助于解释表现差距。

B-S-J-Z(中国)学生每周花在学习活动上的时间是所有表现优异国家中最多的

与观察到的表现差距相关的另一个学生个体特征是每周的学习时间。如图 5.19 所示，中国学生每周学习的平均时间最多。

但是，如上所述，学习时间和学习表现之间存在倒 U 型关系。在本节中，展示了 B-S-J-Z(中国)和其他表现优异国家之间的学习表现与学习时间之间的关系如何变化。为此，与新加坡和芬兰相比，B-S-J-Z(中国)的学习时间与阅读测试表现之间的二次曲线是合适的，其结果如图 5.20 所示。①

---

① 数学和科学量表的结果相似，有需要可提供。

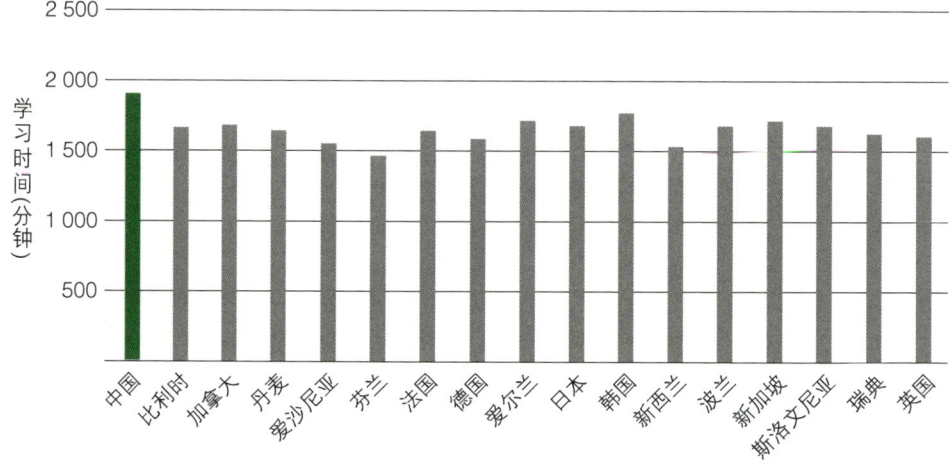

图 5.19　2018 年中国和选定的表现优异的教育体系中学生的每周平均学习时间

注：中国数据仅限于北京、上海、江苏和浙江四个地区。
资料来源：Authors' own calculations based on OECD（2018），*PISA 2018 Database*，https：//www.oecd.org/pisa/data/2018database/.

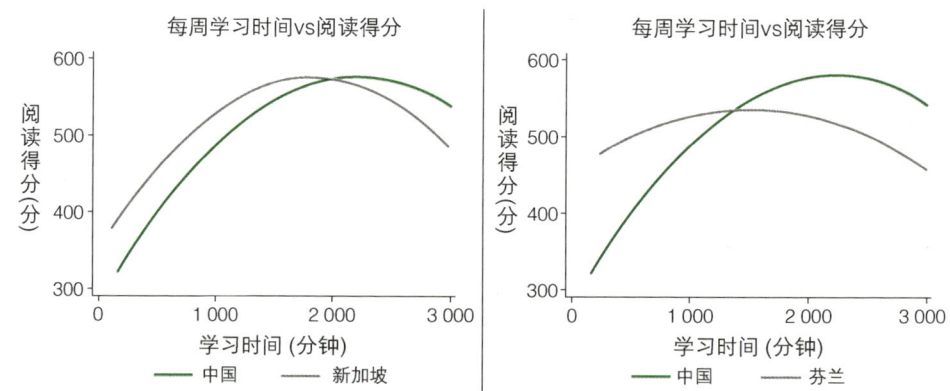

图 5.20　2018 年中国、新加坡和芬兰的学生每周学习时间与阅读表现

注：中国数据仅限于北京、上海、江苏和浙江四个地区。
资料来源：Authors' own calculations based on OECD（2018），*PISA 2018 Database*，https：//www.oecd.org/pisa/data/2018database/.

新加坡学生的阅读表现与 B-S-J-Z（中国）学生相当，但学习时间更短

有趣的是，新加坡学生似乎能以更短的学习时间获得与中国学生相当的阅读得分。此外，每周花费少于 20 小时（1 200 分钟）学习时间的中国学生的表现要比花费同样学习时间的芬兰学生差得多。一般而言，亚洲国家的额外

学习时间的边际收益似乎要高于欧洲国家。

在图 5.21 中,描述这种关系的图与描绘 B-S-J-Z(中国)和新加坡学生学习时间分布的图重合。这表明,虽然新加坡学生在大部分特定区间的时间上都取得了较高的成绩,但中国学生可以通过平均在学习上花更多的时间来弥补这一点。

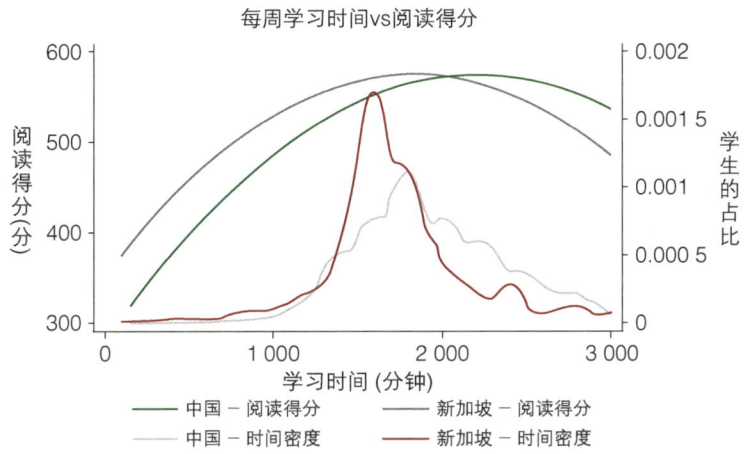

图 5.21 2018 年中国和新加坡的学生每周学习时间与阅读表现的关系及学习时间分布

注:中国的数据仅限于四个区域:北京、上海、江苏和浙江。

资料来源:Authors' own calculations based on OECD (2018),*PISA 2018 Database*,https://www.oecd.org/pisa/data/2018database/.

结论

本章分析了中国(B-S-J-Z)教育体系与其他 16 个表现优异国家相比的相对地位。根据 2018 年和 2015 年 PISA 周期的数据,将中国学生在认知结果、非认知技能和学生幸福感方面的表现与其他国家的结果进行比较。此外,还描绘了不同学生分组之间的表现差距,以研究中国(B-S-J-Z)教育体系在教育结果公平方面的表现。最后,从个体、学校和教师层面分析了与高水平的学生表现、非认知技能和学生幸福感相关的因素。

在认知结果方面,B-S-J-Z(中国)在三个 PISA 领域(阅读、数学和科学)的表现均优于其他参与的教育体系。在阅读素养方面,新加坡的表现接近中国

(B-S-J-Z)的水平,但是在数学和科学素养方面,B-S-J-Z(中国)相对领先于其他国家。B-S-J-Z(中国)表现不佳的学生很少,表现优异的学生占很大比例,特别是在数学领域。B-S-J-Z(中国)与其他表现优异国家之间的表现差距分析表明,这种差异不能用可观察到的学生和同伴特征的差异来解释。实际上,在某些假设下,如果 B-S-J-Z(中国)学生有与其他国家相似的可观察特征,则表现差距甚至会扩大。但是,与其他表现优异的国家相比,B-S-J-Z(中国)学生每周花费更多的时间学习。对学习时间与认知结果之间关系的分析表明,在学习时间分布的下半部分中,在规定的学习时间内,B-S-J-Z(中国)学生的表现优于其他表现优异的国家。

在公平方面,B-S-J-Z(中国)社会经济背景处境不利和处于优势地位学生之间的差距以及学习普通课程和职业课程的学生之间的差距情况相对较好,因为差距低于其他表现优异的国家。但是,B-S-J-Z(中国)的城乡学校学生之间的差距比其他国家大。此外,与其他表现优异的国家相比,男生和女生在阅读领域的差异较小,而男生在数学和科学领域的优势更大。这可能意味着女生在中国教育体系中处于相对不利的地位。

理想情况下,还将对不同教育体系之间学生表现随时间的变化进行比较。遗憾的是,参加 PISA 的中国地区在 2015 年与 2018 年(浙江省取代广东省)之间发生了变化。这意味着教育表现的变化被抽样人群的变化混淆了,这使得比较变得困难。孤立地看 2015 年北京、上海、江苏和广东的表现,其成绩不如 2018 年北京、上海、江苏和浙江出色。这在一定程度上会引起质疑,是否可以将北京、上海、江苏、浙江的结果推广到中国其他地区,特别是因为瓦哈卡-布林德分解表明,2015 年和 2018 年之间很大一部分表现差距可归因于抽样学生和学校人口的可观察特征的差异。

在非认知技能和学生幸福感方面,结果更为复杂。B-S-J-Z(中国)学生报告的生活满意度略低,并且体验了更多的积极和消极情绪。但是,B-S-J-Z(中国)学生具有很高的竞争性和成就动机。这两种非认知技能都与认知表现的提高有关,特别是对社会经济背景处境不利的学生而言。

与 B-S-J-Z(中国)的高水平学生表现相关的学校和教师层面的因素是"竞争性的学校环境、较高的同伴社会经济地位、积极的纪律氛围、教师专业发展以及教师积极性"。除了在其他表现优异的国家中更为重要的"同伴社会经济地位"外,这些因素与 B-S-J-Z(中国)学生表现的相关性比其他表现优异的国家更强。然而,竞争激烈的学校环境也会降低学生的生活满意度,而高度合作的学校环境则有利于提高学生的各种幸福感结果。

参 考 文 献

Ames, C. (1992), "Achievement Goals and Classroom Motivational Climate", in Schunk, D. H. and Meece, J. L. (eds.), *Student Perceptions in the Classroom*, Erlbaum, Hillsdale, NJ.

Bandura, A. (1977), "Self-efficacy: Toward a Unifying Theory of Behavioral Change", *Psychological Review*, Vol. 84/2, pp. 191 - 215, http://dx.doi.org/10.1016/0146 - 6402(78)90002 - 4.

Blinder, A. (1973), "Wage Discrimination: Reduced Form and Structural Variables", *Journal of Human Resources*, Vol. 8, pp. 436 - 455.

Borghans, L., H. Meijers and B. ter Weel (2008), "The Role of Noncognitive Skills in Explaining Cognitive Test Scores", *Economic Inquiry*, Vol. 46/1, pp. 2 - 12.

Conroy, D., J. Willow and J. Metzler (2002), "Multidimensional Fear of Failure Measurement: The Performance Failure Appraisal Inventory", *Journal of Applied Sport Psychology*, Vol. 14/2, pp. 76 - 90, http://dx.doi.org/10.1080/10413200252907752.

Cunha, F. et al. (2006), "Interpreting the Evidence on Life Cycle Skill Formation", in *Handbook of the Economics of Education*, Elsevier.

Dennis Madrid, L., M. Canas and M. Ortega-Medina (2007), "Effects of Team Competition Versus Team Cooperation in Classwide Peer Tutoring", *The Journal of Educational Research*, Vol. 100/3, pp. 155 - 160, http://dx.doi.org/10.3200/JOER.100.3.155 - 160.

Fredrickson, B. (2001), "The Role of Positive Emotions in Positive Psychology: The Broaden-and-build Theory of Positive Emotions", *American Psychologist*, Vol. 56/3, pp. 218 - 226, http://dx.doi.org/10.1037/0003 - 066X.56.3.218.

Hancock, D. (2001), "Effects of Test Anxiety and Evaluative Threat on Students' Achievement and Motivation", *The Journal of Educational Research*, Vol. 94/5, pp. 284 - 290.

Hanushek, E. (2002), "Publicly Provided Education", in *Handbook of Public Economics*, Elsevier, Amsterdam.

Hartshorne, R., T. Heafner and T. Petty (eds.) (2012), *Teaching and Assessing Problem Solving in Online Collaborative Environment*, Information Science Reference, Hershey, PA.

Ho, E. (2009), "Characteristics of East Asian Learners: What We Learned From PISA", *Educational Research Journal*, Vol. 24/2, pp. 327 – 348.

Hoeschler, P., S. Balestra and U. Backes-Gellner (2018), "The Development of Non-cognitive Skills in Adolescence", *Economics Letters*, Vol. 163, pp. 40 – 45.

Johnson, D. and R. Johnson (1974), "Instructional Goal Structure: Cooperative, Competitive, or Individualistic", *Review of Educational Research*, Vol. 44/2, pp. 213 – 240, http://dx.doi.org/10.3102/00346543044002213.

Johnson, D. et al. (1981), "Effects of Cooperative, Competitive, and Individualistic Goal Structures on Achievement: A Meta-analysis", *Psychological Bulletin*, Vol. 89/1, pp. 47 – 62, http://dx.doi.org/10.1037/0033 – 2909.89.1.47.

Kautz, T. et al. (2014), "Fostering and Measuring Skills: Improving Cognitive and Non-cognitive Skills to Promote Lifetime Success", No. w20749, National Bureau of Economic Research.

Keller, M. et al. (2014), "Feeling and Showing: A New Conceptualization of Dispositional Teacher Enthusiasm and Its Relation to Students' Interest", *Learning and Instruction*, Vol. 33, pp. 29 – 38, https://doi.org/10.1016/j.learninstruc.2014.03.001.

King, R. et al. (2015), "Positive Affect Catalyzes Academic Engagement: Cross-sectional, Longitudinal, and Experimental Evidence", *Learning and Individual Differences*, Vol. 39, pp. 64 – 72, https://doi.org/10.1016/j.lindif.2015.03.005.

Krueger, A. (1999), "Experimental Estimates of Education Production Functions", *The Quarterly Journal of Economics*, Vol. 114/2, pp. 497 – 532.

Kunter, M. (2013), "Motivation as an Aspect of Professional Competence: Research Findings on Teacher Enthusiasm", in Kunter, M. (ed.), *Cognitive Activation in the Mathematics Classroom and Professional Competence of Teachers*, Springer US, Boston, MA, http://dx.doi.org/10.1007/978 – 1 – 4614 – 5149 – 5_13.

Kuppens, P., A. Realo and E. Diener (2008), "The Role of Positive and Negative Emotions in Life Satisfaction Judgment Across Nations",

Journal of Personality and Social Psychology, Vol. 95/1, pp. 66 – 75, http://dx.doi.org/10.1037/0022 – 3514.95.1.66.

Larkins, A. and C. McKinney (1982), "Two Studies of the Effects of Teacher Enthusiasm on the Social Studies Achievement of Seventh Grade Students", *Theory & Research in Social Education*, Vol. 10/1, pp. 27 – 41, http://dx.doi.org/10.1080/00933104.1982.10505417.

Liang, X., H. Kidwai and M. Zhang (2016), *How Shanghai Does It: Insights and Lessons from the Highest Ranking Education System in the World*, The World Bank Group, Washington, DC.

Mega, C., L. Ronconi and R. De Beni (2014), "What Makes a Good Student? How Emotions, Self-regulated Learning, and Motivation Contribute to Academic Achievement", *Journal of Educational Psychology*, Vol. 106/1, pp. 121 – 131, http://dx.doi.org/10.1037/a0033546.

Moeller, A., J. Theiler and C. Wu (2012), "Goal Setting and Student Achievement: A Longitudinal Study", *The Modern Language Journal*, Vol. 96/2, pp. 153 – 169.

National Research Council (2011), *A Framework for K-12 Science Education: Practices, Crosscutting Concepts and Core Ideas*, The National Academies Press, Washington, DC.

Ning, B. et al. (2015), "The Influence of Classroom Disciplinary Climate of Schools on Reading Achievement: A Cross-country Comparative Study", *School Effectiveness and School Improvement*, Vol. 26/4, pp. 586 – 611, http://dx.doi.org/10.1080/09243453.2015.1025796.

Oaxaca, R. (1973), "Male-Female Wage Differentials in Urban Labor Markets", *International Economic Review*, Vol. 14/3, pp. 139 – 148.

OECD (2019), *PISA 2018 Assessment and Analytical Framework*, PISA, OECD Publishing, Paris, https://dx.doi.org/10.1787/b25efab8-en.

OECD (2018), *PISA 2018 Database*, https://www.oecd.org/pisa/data/2018database/.

OECD (2017a), "PISA 2015 Collaborative Problem Solving Framework", in *PISA 2015 Assessment and Analytical Framework: Science, Reading, Mathematics, Financial Literacy and Collaborative Problem Solving*, OECD Publishing, Paris, https://dx.doi.org/10.1787/9789264281820-8-en.

OECD (2017b), *PISA 2015 Results (Volume III): Students' Well-Being*, PISA, OECD Publishing, Paris, https://dx.doi.org/10.1787/

9789264273856-en.

OECD (2016a), *PISA 2015 Results (Volume Ⅱ): Policies and Practices for Successful Schools*, OECD Publishing, Paris, https://dx.doi.org/10.1787/9789264267510-en.

OECD (2016b), "PISA 2015 Science Framework", in *PISA 2015 Assessment and Analytical Framework: Science, Reading, Mathematic and Financial Literacy*, OECD Publishing, Paris, https://dx.doi.org/10.1787/9789264255425-3-en.

OECD (2015), *PISA 2015 Database*, https://www.oecd.org/pisa/data/2015database/.

Ong, A. et al. (2013), "Linking Stable and Dynamic Features of Positive Affect to Sleep", *Annals of Behavioral Medicine*, Vol. 46/1, pp. 52–61, http://dx.doi.org/10.1007/s12160-013-9484-8.

Ozer, E. and A. Bandura (1990), "Mechanisms Governing Empowerment Effects: A Self-efficacy Analysis", *Journal of Personality and Social Psychology*, Vol. 58/3, pp. 472–486, http://dx.doi.org/10.1037//0022-3514.58.3.472.

Patton, G. et al. (2016), "Our Future: A Lancet Commission on Adolescent Health and Well-being", *The Lancet*, Vol. 387/10036, pp. 2423–2478, http://dx.doi.org/10.1016/S0140-6736(16)00579-1.

Pressman, S., B. Jenkins and J. Moskowitz (2019), "Positive Affect and Health: What Do We Know and Where Next Should We Go?", *Annual Review of Psychology*, Vol. 70/1, pp. 627–650, http://dx.doi.org/10.1146/annurev-psych-010418-102955.

Rana, R. and N. Mahmood (2010), "The Relationship Between Test Anxiety and Academic Achievement", *Bulletin of Education and Research*, Vol. 32/2, pp. 63–74.

Roseth, C., D. Johnson and R. Johnson (2008), "Promoting Early Adolescents' Achievement and Peer Relationships: The Effects of Cooperative, Competitive, and Individualistic Goal Structures", *Psychological Bulletin*, Vol. 134/2, pp. 223–246, http://dx.doi.org/10.1037/0033-2909.134.2.223.

Sacerdote, B. (2011), "Peer Effects in Education: How Might They Work, How Big Are They and How Much Do We Know Thus Far?", in *Handbook of the Economics of Education*, Elsevier.

Warr, M. (2000), "Fear of Crime in the United States: Avenues for Research and Policy", *Criminal Justice*, Vol. 4, pp. 451–489, https://www.publicsafety.gc.ca/lbrr/archives/cnmcs-plcng/cn34984-v4-451-489-eng.pdf.

Weber, M., L. Wagner and W. Ruch (2016), "Positive Feelings at School: On the Relationships Between Students' Character Strengths, School-related Affect, and School Functioning", *Journal of Happiness Studies*, Vol. 17/1, pp. 341 – 355, http://dx.doi.org/10.1007/s10902 – 014 – 9597 – 1.

Wigfield, A., J. Byrnes and J. Eccles (2006), "Development During Early and Middle Adolescence", in Alexander, P. and P. Winne (eds.), *Handbook of Educational Psychology*, Erlbaum, Mahwah, NJ.

Woessmann, L. (2016), "The Importance of School Systems: Evidence from International Differences in Student Achievement", *Journal of Economic Perspectives*, Vol. 30/3, pp. 3 – 32.

附录：补充图表

附录表 5.A1　教育生产函数回归中包含的变量

学 生 特 征	学 校 特 征	教 师 特 征
性别	城市化特征	阻碍学习的教师行为
移民身份	学校类型（公立/私立）	教师资格证
ESCS	普通课程/职业课程	教师参与专业发展项目
留级	区域内竞争学校数量	学校层面的教师导向型教学
与15岁学生标准年级相对的年级	课程之间的按能力分层教学	学校层面的适应性教学
每周学习时间	课程内部的按能力分层教学	学校层面的教师积极性
每周学习时间平方	班级规模	学校层面的教师反馈
	学校规模	学校层面的教师支持
	生师比	
	教学材料短缺	
	人员短缺	
	学校层面的 ESCS	
	合作性学校环境	
	竞争性学校环境	

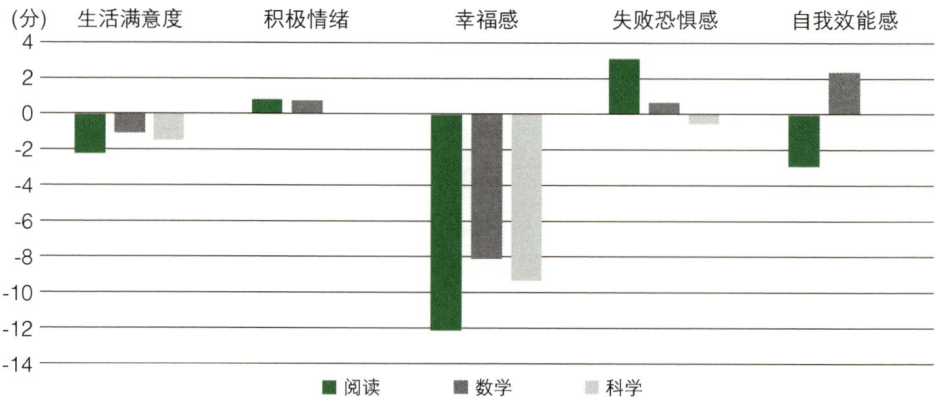

附录图 5.A1　2018 年中国学生幸福感与阅读、数学和科学表现的关系

注：中国数据仅限北京、上海、江苏、浙江四个地区。数据控制了学生的社会经济背景。

资料来源：Authors' own calculations based on OECD (2018)，*PISA 2018 Database*，https://www.oecd.org/pisa/data/2018database/.

第五章 结 果 **135**

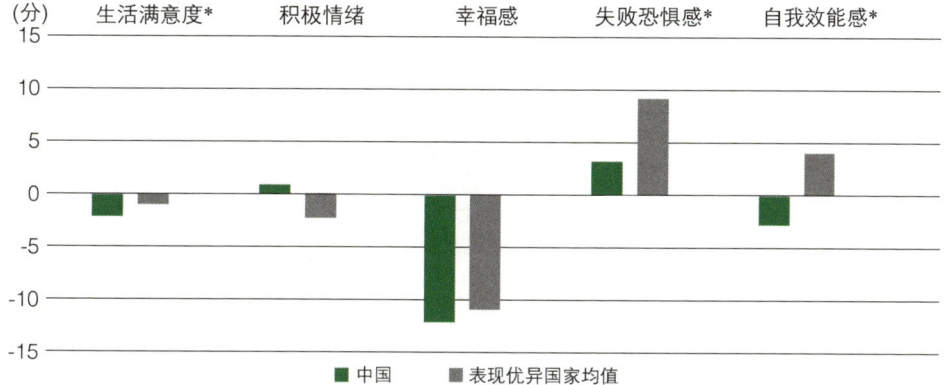

附录图 5. A2　2018 年中国和其他表现优异国家均值中学生幸福感与阅读表现之间关系的比较

注：中国数据仅限北京、上海、江苏、浙江四个地区。数据控制了学生的社会经济背景。
＊表示中国学生与其他表现优异国家学生的相关程度存在统计学意义上的显著差异（$p<0.05$）。
资料来源：Authors' own calculations based on OECD（2018），*PISA 2018 Database*，https：//www.oecd.org/pisa/data/2018database/.

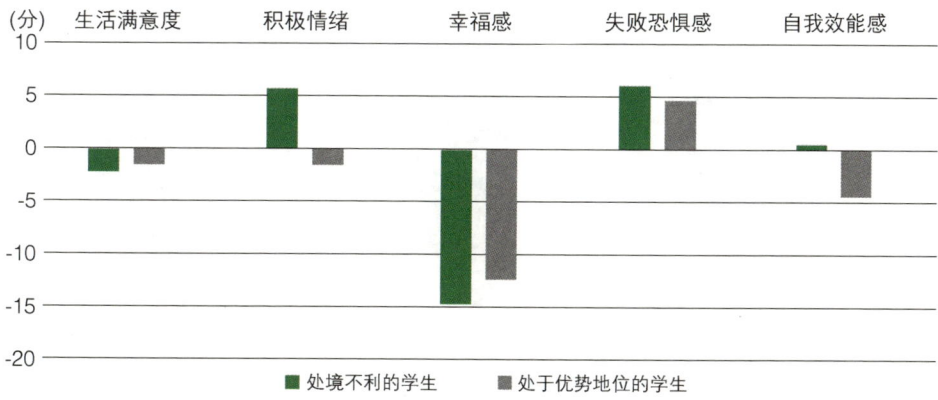

附录图 5. A3　2018 年中国处于优势地位的学生和处境不利的学生幸福感与阅读表现之间关系的比较

注：中国数据仅限北京、上海、江苏、浙江四个地区。数据控制了学生的社会经济背景。
资料来源：Authors' own calculations based on OECD（2018），*PISA 2018 Database*，https：//www.oecd.org/pisa/data/2018database/.

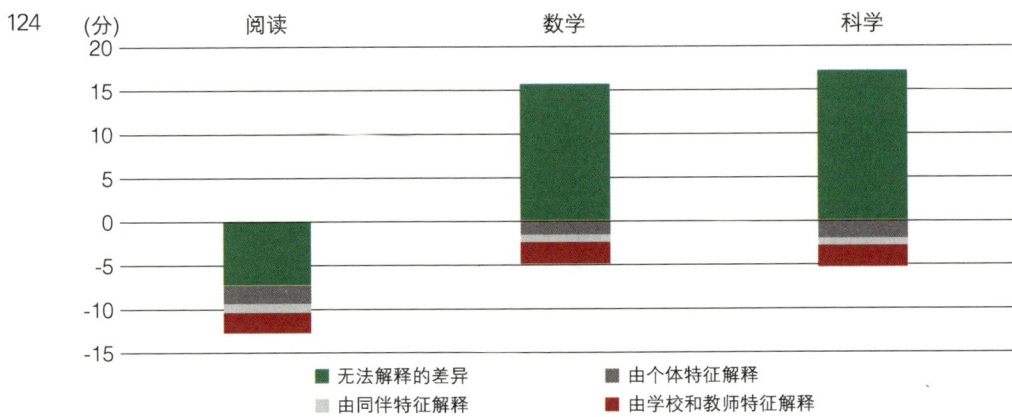

附录图 5. A4 2018 年中国学生在 PISA 2018 三个领域表现的性别差异的瓦哈卡-布林德分解

注：中国数据仅限于北京、上海、江苏、浙江四个地区。

资料来源：Authors' own calculations based on OECD（2018），*PISA 2018 Database*，https：//www.oecd.org/pisa/data/2018database/.

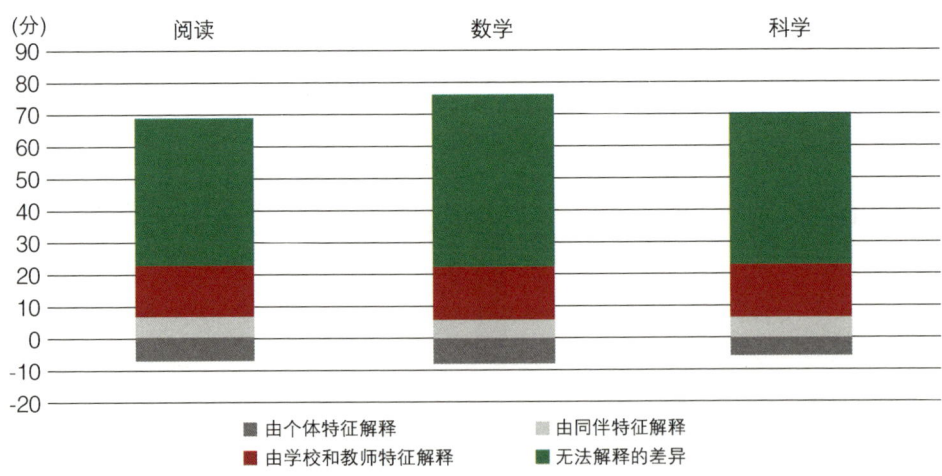

附录图 5. A5 2018 年中国学习普通课程的学生和学习职业课程的学生在 PISA 2018 三个领域表现差距的瓦哈卡-布林德分解

注：中国数据仅限于北京、上海、江苏、浙江四个地区。

资料来源：Authors' own calculations based on OECD（2018），*PISA 2018 Database*，https：//www.oecd.org/pisa/data/2018database/.

第六章
教育治理

本章探讨了中国教育体系的教育治理。首先,根据数据和政策证据,考察在课堂、学校和体系层面实施的问责实践,以洞悉中国教育体系中的问责文化。然后,重点研究了中国参加PISA的四个地区的学校治理和学校自主管理。最后,本章重点讨论紧急情况下的教育治理:以应对新冠肺炎(COVID-19)疫情危机的政策证据和实践为案例,讨论在中国教育治理过程中推进的关键策略。

问责文化

问责在支持有效的教育治理中起着至关重要的作用。教育问责从根本上涉及"谁向谁负责,需要负什么责"的问题(Burns and Köster,2016)。世界上许多国家正在下放教育责任和控制权,从而使治理关系日益复杂,新的、不同的利益相关者参与其中。为了建立有效的教育问责,至关重要的是要在两者之间取得平衡,即在满足地方利益相关者的各种教育需求的同时,又要追求能够反映真正的社会优先事项的教育体系的总体目标(OECD,2019a)。

在复杂的教育体系中,仅仅注意问责的"表现意识",很难实现高质量的问责。尽管在许多教育体系中,教育结果一直被认为是最重要的学校评估因素,但是很难仅凭教育结果来确定那些需要改进的不足之处。优质的教育体系不应只注重结果,而应倡导一种问责文化,在这种文化中,教师可以向同伴学习,学校可以互相学习,不同层面的利益相关者可以追求共同的目标(Fahey and Köster,2019)。为了实现这一目的,教育体系应建立一个结构完善的法律框架,以阐明问责的要求;允许各层体系的利益相关者自由获取和交换信息;促进地方参与政策制定和实施过程(Burns,Köster and Fuster,2016)。

问责是一个连续和动态的过程,包括问责需求的产生,满足需求的相应活动,结果和反馈的产生。反馈之后重塑了问责需求,这又回到了流程的开始(Levin,1974)。为了实现有效的问责,重要的是要确保这一过程得到证据的支持。

本节重点关注中国课堂、学校和体系三个教育层面的问责。它仔细考察了向教师、学校和教育体系问责的实践和政策,展示了中国教育体系问责文化的整体画面。

向教师问责

教师的主要责任是教导和鼓励学生学习。作为教育体系的主要利益相关者,教师不仅要对学生和家长负责,而且要对他们的同事、学校管理层和社区负责。为了确保教师在教育中的责任感,必须采用科学构建的方法来综合评估教师的表现和能力。

在世界各地,正式评估是许多教育体系用来衡量教师责任的最常见的机制,并通常由教育政策规定和涵盖(OECD,2016)(见图 6.1)。

教师考核对评估人员和教师均应是可信且有效的,以便教师可以获取有意义的反馈以改善其专业实践。教师考核缺乏信度和效度会导致教师对考核结果的不信任,从而降低考核对教师和学校的意义。下文提供了一些关于上海学校如何通过教师考核促进教师专业成长的见解。

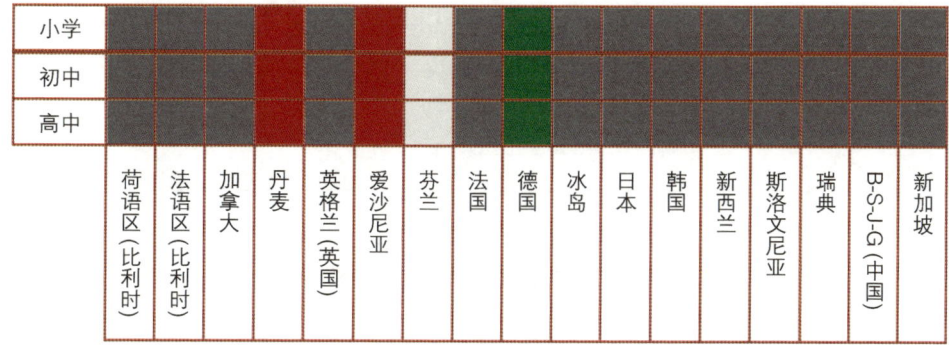

图 6.1 2015 年选定的表现优异的教育体系中不同教育阶段的教师考核情况

注:B-S-J-G(中国)代表中国 PISA 2015 年四个参与地区:北京、上海、江苏、广东。

资料来源:Adapted from OECD (2016), *PISA 2015 Results (Volume II): Policies and Practices for Successful Schools*, PISA, OECD Publishing, Paris, https://doi.org/10.1787/9789264267510-en.

上海的正式教师考核

根据 TALIS 2018,上海的每位教师都参加了正式的教师考核(OECD,2019b)。实际上,与其他表现优异的教育体系相比,上海的学校拥有最多样化渠道去开展教师考核(见图 6.2)。这些渠道包括学校校长、学校管理团队、教师带教教师、其他教师和外部渠道。与 OECD 国家相比,上海通过上述资源进行的教师考核相对更加普遍(见图 6.3)。

与许多教育体系一样,上海的教师考核通常由学校校长或学校管理团队领导。同时在上海学校中,由同侪教师(带教教师或其他教师)进行的教师考核也同样普遍。同伴考核往往与学校主导的考核不同。前者用于形成性目的,后者则更侧重于学校的管理目的,教师评估是学校管理的一部分。有人

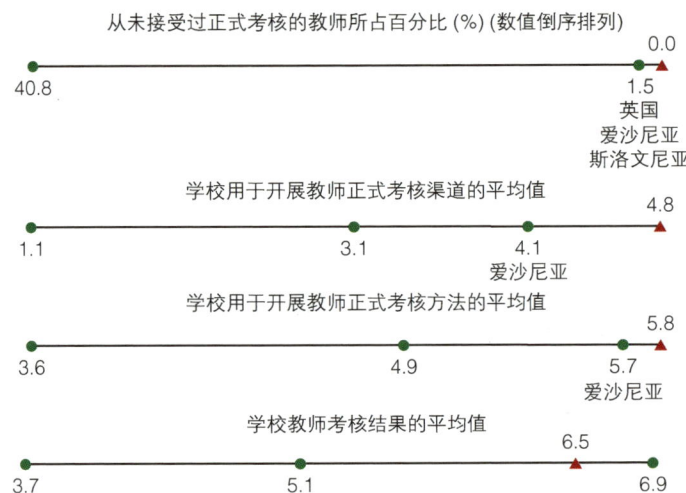

图 6.2　上海和选定的表现优异的教育体系中教师正式考核的比较

注：中国的数据仅限于上海。

资料来源：Authors' own work, based on OECD（2020b），*TALIS 2018 Results (Volume II)：Teachers and School Leaders as Valued Professionals*，TALIS, OECD Publishing, Paris, https://doi.org/10.1787/19cf08df-en.

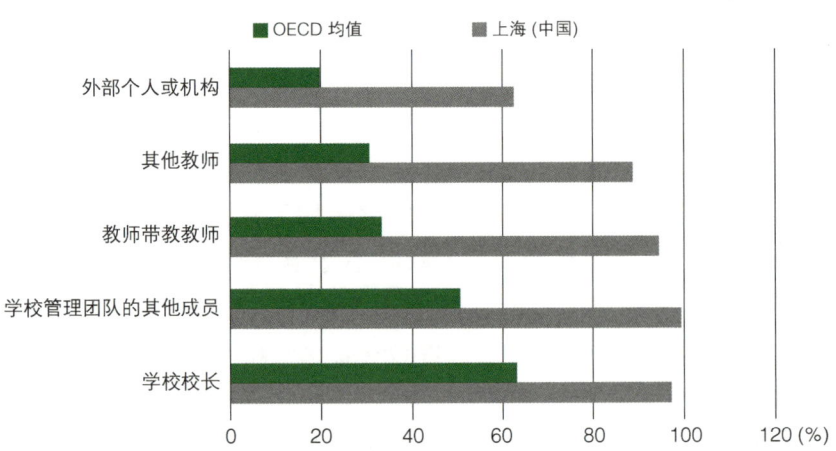

图 6.3　2018 年上海和 OECD 国家教师所在学校校长报告其教师每年至少接受一次上述考核渠道正式考核的教师所占百分比

资料来源：OECD（2020b），*TALIS 2018 Results (Volume II)：Teachers and School Leaders as Valued Professionals*，TALIS, OECD Publishing, Paris, https://doi.org/10.1787/19cf08df-en.

认为,这两种类型的目的很难在一个评估体系中共存,因为不同的目的自然需要不同的考核方法和程序(Baker et al.,2013)。但上海的实证结果表明,建立一种既能有效满足形成性目的又能满足管理目的的教师评估体系是可行的。

教师考核中使用多种方法

为了建立成功的教师考核体系,教师考核不应仅限于单一的方法,因为这样的方法几乎无法捕获教师广泛的专业技能,从而可能会损害教师积极性。例如,研究表明,教师和校长对依赖短时间课堂听课的评估持负面看法(Vaillant and Gonzalez-Vaillant,2016)。使用多种方法考核教师可以帮助学校和社区收集与教师能力相关的更广泛的证据,从而提高评估的公正性。

与一些主要依靠标准教师考核方法的教育体系相比,上海的学校提倡多样的教师考核方法。在参加 OECD TALIS 的国家和经济体中,上海教师考核使用的方法的平均值(6 个中有 5.8 个)最高(见图 6.2)。这些方法包括课堂教学观察、基于教学的学生调查反馈、学生表现和教师自我测评等(见图 6.4)。不是一种方法代替另一种方法,而是每种方法都广泛使用,这在上海的教师考核中很常见。

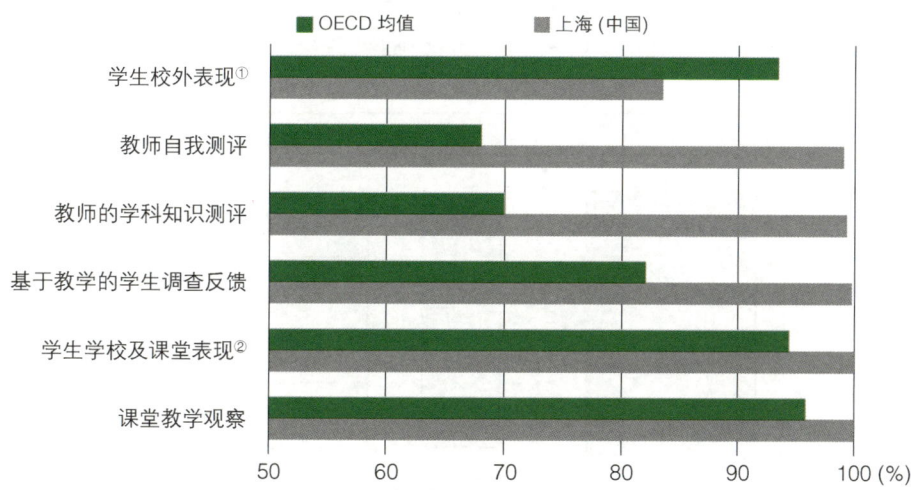

图 6.4　2018 年上海和 OECD 国家教师所在学校校长报告在正式教师考核中使用以上方法的教师所占百分比

注:① 例如,国家测试分数。
② 例如,表现结果、项目结果和测试分数。
资料来源:OECD (2020b), *TALIS 2018 Results (Volume II): Teachers and School Leaders as Valued Professionals*, TALIS, OECD Publishing, Paris, https://doi.org/10.1787/19cf08df-en.

与大多数 OECD 国家和经济体相比,测评教师的学科知识也是上海教师考核中更常用的方法(见图 6.4)。教师的学科知识(或专业知识)是教师专业知识库的基本组成部分。教师的学科知识直接影响着他们传授给学生的知识,这对向教师问责至关重要。研究表明,教师的学科知识越丰富,学生的数学成绩越好(Metzler and Woessmann,2012)。

教师自我测评是在上海广泛使用的另一种教师考核方法,但在大多数 OECD 国家和经济体中却很少使用(见图 6.4)。让教师进行自我测评是一种促进教师专业发展的建设性策略(Ross and Bruce,2007)。与其他方法相比,教师自我测评可能是最节省预算和时间的方法,可以让教师快速确定需要进一步改进的领域。由于教师是教育问责的重要利益相关者,因此,促进教师的自我测评也有助于教师对自己的专业发展负责,从而可以培养教师职业的问责文化。

对上海正式教师考核的一些思考

虽然使用多样化的渠道和方法来为教师评估提供信息可以提高结果的信度和效度,但对学校来说,将所有渠道和方法整合为一个整体,并使所有要素都协调一致以服务评估目的可能是具有挑战性的。上海是实现这一目标的少数教育体系之一。如图 6.5 所示,上海的教师测评过程为期 1 年,在此期间全

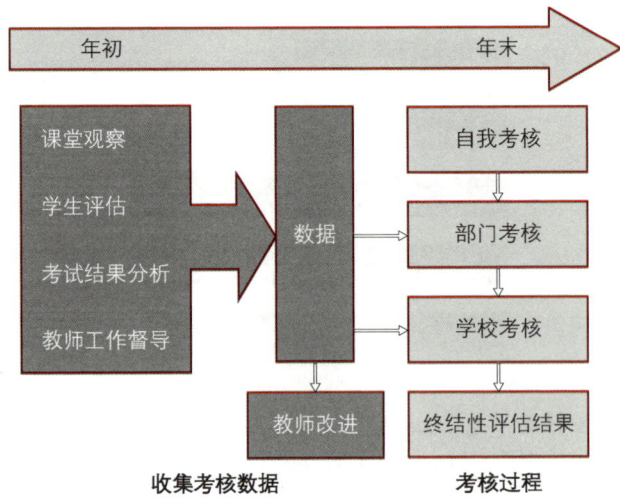

图 6.5　上海中小学教师考核模式

资料来源:Zhang, X. and H. Ng(2017),"An Effective Model of Teacher Appraisal: Evidence from Secondary Schools in Shanghai, China", *Educational Management Administration & Leadership*, Vol. 45/2, pp. 196-218, https://doi.org/10.1177/1741143215597234.

年收集数据。年末进行了三个层面的考核,其中部门考核和学校考核以多种方法收集的数据为支撑。通过这一过程,教师考核可以同时满足形成性目的和终结性目的。

教师考核结果被视为教师专业晋升的重要标准。上海的教师职级制是加强教师问责的又一有力激励。上海有一个结构完善的职级制,为教师职业生涯提供了一条清晰的发展路径。在教师的职业生涯中,教师根据一定的要求提高其职称(见图6.6)。晋升也伴随着加薪和其他非金钱福利。职级制也扩大了教师的职业机会。除了在学校从事教学或行政工作外,具有高职称的教师也可以进入大学从事教师教育工作(Liang,Kidwai and Zhang,2016)。职级制与上海教师评价体系共同作用,激励教师追求卓越,有助于形成高质量的教师问责。

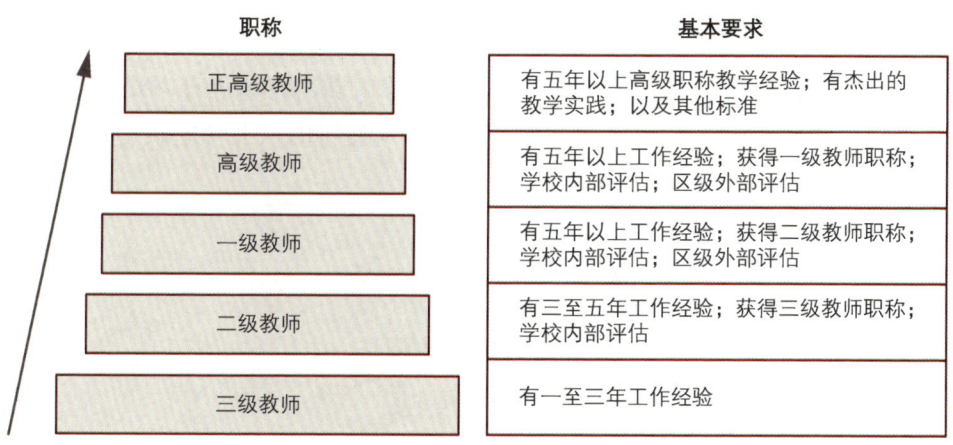

图 6.6 上海教师职级制

资料来源:Adopted from Liang,X.,H. Kidwai and M. Zhang (2016),*How Shanghai Does It: Insights and Lessons from the Highest-ranking Education System in the World*,World Bank Group;上海市教育委员会、上海市人力资源和社会保障局(2019),上海市教育委员会、上海市人力资源和社会保障局关于做好中小学正高级教师评聘工作的通知(沪教委人〔2019〕56号). 2019-12-04[2021-03-25]. http://edu.sh.gov.cn/xxgk2_zxxxgk/20201112/081f6a5acd2c4aadb6a7c9fb6e2b7c37.html.

向学校问责

作为教育服务的主要提供者,学校应对学生和家长负责。随着21世纪教育体系的日益复杂,开发成功的方法以确保实行有效的学校问责已成为政策议程上的紧迫点。许多教育体系已经意识到,仅依靠基于表现的问责还不足以满足当今复杂的教育需求,甚至可能会导致意想不到的结果(例如,学校可能会过分注重学生的学习成绩)。因此,许多政府采用了包含多种方法的混合机制来向学校问责。具体来说,目前的机制中有三种典型的问责方式:监管、基于表现和基于市场(OECD,2011b)(见表6.1)。监管和基于表现的方式在中国的问责中更为普遍。

表6.1　向学校问责:三种问责方式

问责方式	特　征
监管问责	法律或法规规定的正式评估。
基于表现的问责	主管部门根据过程、产出或结果对表现信息进行评估。
基于市场的问责	家长和学生评估公开的、可比较的信息,并选择最喜欢的教育方案。

监管问责

中国的教育体系主要依靠监管向学校问责。教育部发布了《义务教育学校管理标准》(教育部,2017),其中规定了学校应履行的六大管理职责:

1. 保障学生平等权益
2. 促进学生全面发展
3. 引领教师专业进步
4. 提升教育教学水平
5. 营造和谐美丽环境
6. 建设现代学校制度

尽管教育部发布的管理标准似乎涵盖了大量的管理内容,但对管理内容的审查表明,某些重要的主题可能还没有得到全部覆盖。例如,在该标准列出的88条管理内容中,没有明确提及有关信息与通信技术资源的管理内容。同样,最高生师比和最低在校生数也未包括在管理内容中。联合国教科文组织对71个教育体系进行的审查显示,许多教育体系对信息与通信技术资源和生师比的监管都没有充分重视。不到一半的教育体系对信息与通信技术资源、生师比和在校生数进行了管理(见表6.2)(UNESCO,2017)。

表 6.2　全球教育体系中的学校管理制度一览表

学校管理制度目录	在中国学校管理制度中是否存在
设备和基础设施	
信息与通信技术	..
电力	是
操场	是
残障学生住宿	是
健康和安全	
安全饮用水	是
男女分厕	..
急救和医疗设备	是
为残疾学生准备的厕所和水槽	..
治理	
学校管理委员会	是
学生和教师	
教师资格证	..
最高生师比	..
最低在校生数	..

注：
灰色代表"30%—60%审查过的教育体系对其进行监管"；
绿色代表"60%—90%审查过的教育体系对其进行监管"；
红色代表"90%以上审查过的教育体系对其进行监管"；
..代表"无信息"。
对中国学校管理制度的审查基于《义务教育学校管理标准》(教育部,2017)。"无信息"并不必然意味着监管的缺失。相关已审查的教育体系的信息可从联合国教科文组织(UNESCO,2017)获取。总共审查了 71 个教育体系。
资料来源：Authors' own work，based on UNESCO（2017），*Accountability in Education: Meeting Our Commitments*，Global Education Monitoring Report，UNESCO,Paris,https://unesdoc.unesco.org/ark:/48223/pf0000259338/PDF/259338eng.pdf.multi.（accessed on 30 March 2020）.

但是,国家学校管理标准中缺少有关这些主题的内容并不一定意味着中国教育体系中没有相关规定。地方和其他相关行动者也在制定有可能补充国家标准的法规方面发挥着重要作用。例如,要求中国的地方教育部门在根据国家标准为地方实践制定学校管理制度时,必须考虑当地的需求。但是,由于教育部概述的标准大多是广义概念,并且未提出可测量的指标,因此很难指导地方教育部门制定有效的学校管理制度(辛涛,2013)。

尽管采用了监管的方式,但一些不在监管范围内的校本活动也有助于改善中国学校的问责文化。这些活动形式多样,如课堂观察、联合研究活动、合作专业发展等。以上海为例,教师之间的专业合作水平较高。近一半的教师每月至少旁听一次其他教师的课并给予反馈。同伴提供的反馈进一步对教师实践产生有意义的影响。五分之四的教师认为这样的反馈对他们的教学实践有积极影响(OECD,2020b)。如图 6.6 所示,教师职级制既能促进教师的职业和领导能力的发展,也有助于加强上海学校的专业问责。

此外,学校还通过多元化的学校管理团队来对自己问责。与 OECD 国家均值相比,在上海学校管理团队中,教师、家长和学生所占百分比相对较高(OECD,2020b)。学校管理委员会的多元化组成,让不同利益相关者的声音能够被听到。通过这种合作实践,上海的学校建立了一个有效的反馈循环,让教师和其他利益相关者分享信息,相互学习,进一步提高其实践水平。

基于表现的问责

基于表现的问责是增强学校问责的另一种常用方法。它通常与教育体系中的监管问责相结合。基于表现的问责侧重于学生的表现,并使用学生的成绩(例如考试成绩)作为评估学校表现的重要指标。国家考试或国家测评是实施基于表现的问责的主要方式,它可以用来收集关于学校和体系表现的可比性信息。尽管在传统上,许多教育体系都将重点放在监管问责上,但在最近几十年中,随着 PISA、国际数学和科学趋势研究(Trend in International Mathematics and Science Study,简称 TIMSS)等国际测评的发展,越来越多的教育体系将更多的注意力转移到基于表现的问责上。

同样,在中国的教育体系中,基于表现的问责日益被认为是一种有效的问责方式。但是,与 PISA 中表现优异的国家相比,在中国学校中,将学生成绩数据用于问责的情况并不普遍(见图 6.7)。然而,不久前,中国教育体系启动了一项国家测评计划,在基础教育层面监测国家教育质量。该计划还涉及了体系监测基础设施,"向教育体系问责"的部分将对此进行详细讨论。

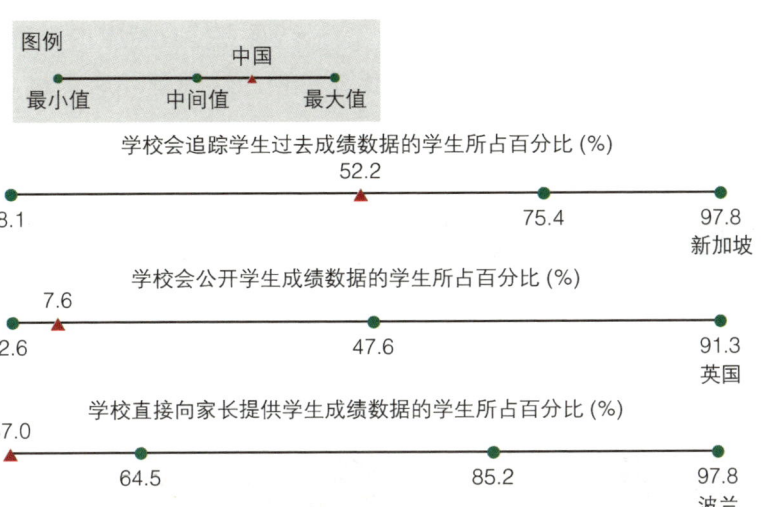

图 6.7　中国和选定的表现优异的教育体系中使用学生成绩数据进行问责的比较

注：数据来源于中国四个地区：北京、上海、江苏和广东。
资料来源：OECD（2016），*PISA 2015 Results (Volume II): Policies and Practices for Successful Schools*，PISA, OECD Publishing, Paris, https：//doi.org/10.1787/9789264267510-en.

学校督导

学校督导是学校评估的主要措施之一，可增强教育问责。学校督导通常是作为一个评估过程进行的，由经过培训的督学根据相关部门制定的标准或规定对学校进行评估。然后，督学会生成一份评估报告，评判学校在多大程度上符合既定标准。在许多教育体系中，学校评估报告通常是公开的（OECD，2011a）。

在中国，教育督导由中央政府授权，由教育督导委员会进行。从中央到省，从市到县，这些委员会在四个行政级别进行了系统扩张。四个级别的政府负责建立自己的教育督导委员会。学校督导的首要目标是提高中国的教育质量。同样，许多发达国家越来越倾向于利用学校督导来提高学校教育质量（UNESCO，2017）。

在中国，教育督导分为多种类型。最常见的是经常性督导，由地方教育督导机构的督学进行。督学对责任区内学校实施经常性督导，每学期不得少于两次（见图 6.8）。经常性督导中的主要督导领域广泛地集中在教育投入质量（财政资源、人力资源、设施等）、教学质量、教育公平、规章制度遵守等方面(国务院,2012)。此外,还有专项督导,重点检查特定的教育事项,例如校园安全、学校设施的质量和其他优先事项。这种督导通常也用于特定类型的学校。

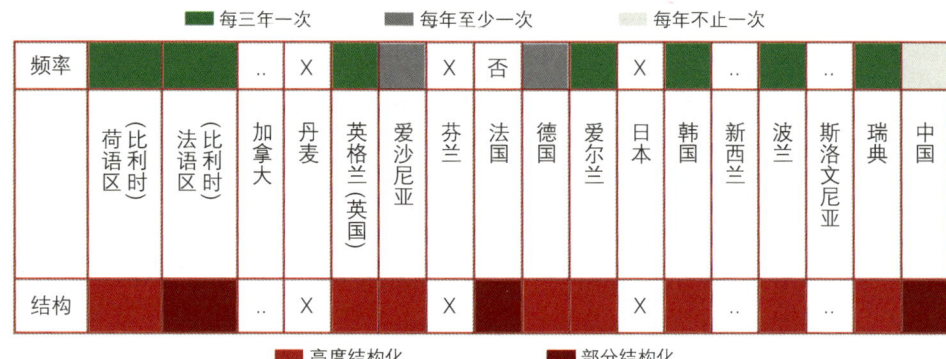

图 6.8 2009 年选定的表现优异的教育体系中小学和初中阶段学校督导的频率和结构

注:×=不适用;..=不可用
"否"表示对学校督导没有要求。
"高度结构化"是指在所有学校使用一套特定的数据收集工具完成类似的活动。
"部分结构化"是指有一些指导原则,但没有特定的数据收集工具。
资料来源:Adapted from OECD(2011b), "How Are Schools Held Accountable?", in *Education at a Glance 2011: Highlights*, OECD Publishing, Paris, https://doi.org/10.1787/eag_highlights-2011-33-en. 关于中国数据的审查基于《教育督导条例》(见上文关于监管问责的部分)。

然而,尚不清楚督学在学校督导时使用何种手段或工具收集信息。在政策层面,除了一些宽泛的指导方针之外,没有政府规定的督导程序详细说明应该督导或收集的指标或数据。学校督导程序在很大程度上取决于督学。这种不太结构化的学校督导类型在其他表现优异的教育体系中并不常见。例如,在爱沙尼亚、德国和韩国,学校督导过程是高度结构化的(见图 6.8),这意味着所有学校都使用一套特定的数据收集工具完成类似的活动。学校督导对加强教育问责十分重要。如果没有科学的结构化的督导程序,学校督导结果的信度和效度可能会受到威胁。

根据国家对学校督导的规定,下级教育行政部门可以进一步发展当地的学校评估体系,以适应地方的情况。专栏 6.1 提供了一些关于地方教育行政部门如何将地方背景和需求整合到学校评估中的见解,它描述了上海学校发展性督导评价的创新实践。

专栏 6.1 上海学校发展性督导评价

上海是 20 世纪末以来实施多项问责创新举措的中国城市之一。学校发展性督导评价是目前上海学校广泛实施的代表性举措之一。学校发展性督导评价旨在支持学校发展，培养学校自主性和创新性。该评价体系的指标由两部分组成。一部分是基础性指标，它列出了所有学校都应该达到的具体要求；另一部分是学校发展指南。该指南概述了学校发展几个关键领域的大方向，并鼓励学校在此基础上设计自己的评价指标。以下是一些评价指标的例证。

(基础性评价指标)

A 级：学校管理

B 级：校务管理、教学管理、德育管理、队伍管理、总务管理

在每个 B 级指标下，都有后续的主要测评点和评价标准。

(学校发展指南)

发展领域：学校课程建设

评价标准是针对每个发展领域提出的，这些标准是概括性的，而不是具体的。学校课程建设的标准是：

1. 课程设置应符合学生的实际和上海课程改革的原则，为学生提供选择和探索学习内容的空间。

2. 课程内容应体现时代性和学科整合的特点，体现学生创新精神和实践能力的培养。

3. 学校应根据学校和地域的特点，积极开发校本课程。

上述标准为学校探索适合学校实际和发展需要的指标提供了方向。鼓励各区、县和学校根据广泛的发展标准，自行制定反映自身需要的标准。

学校发展性督导评价一方面确保所有学校都遵守共同的规定，另一方面创造了一个灵活的空间，让每所学校都能探索适合自己的学校发展目标。在这个过程中，学校提高了自我评价、自我监督和自我完善的能力。

资料来源：上海市教育委员会，上海市人民政府教育督导室(2006)，上海市教育委员会、上海市人民政府教育督导室关于印发《上海市关于深化与完善"学校发展性督导评价"工作的若干意见》的通知. 2005-01-25[2021-04-11]. https://www.110.com/fagui/law_226049.html.

向教育体系问责

没有体系层面的评估，教育体系就不能加强对自身的问责。建立体系层

面的监测基础设施,使各国能够监测和评估其教育体系的整体表现,从而确保其教育体系有助于实现其总体教育目标。

为了实现公平、有效地体系层面的监测,应建立包括许多有助于循证决策活动的体系层面的机制。精心设计的监测机制通常包括(Kitchen et al., 2017):

- 制定具体、详细的指标。
- 使用科学的工具和仪器收集广泛的信息。
- 建立广泛的网络,使各种行动者参与监测与评估过程。
- 构建有效的反馈循环,以便对反馈进行监测,从而可以提高教育质量。

监测基础教育质量

2015年,中国教育部启动了一项监测基础教育质量的国家测评方案。该测评方案的设计与中国提高教育质量的长期目标紧密结合。该方案对监测对象、监测学科、监测内容、监测周期、监测工具和监测报告等进行了详细的介绍,是指导实施中国基础教育质量监测国家测评的蓝图(见表6.3)。

表6.3 中国基础教育质量监测国家测评方案的要素

监 测 对 象	四年级和八年级学生
监测样本	分层不等概率抽样
监测学科	语文、数学、科学、体育、艺术、德育
监测工具	纸笔测试工具(学科测试卷和调查问卷)、现场测试工具
水平划定	表现评分(Ⅰ、Ⅱ、Ⅲ、Ⅳ)
监测周期	每三年一次
监测报告	国家监测报告、分省监测报告、基础数据报告

资料来源:国务院教育督导委员会办公室(2015),国务院教育督导委员会办公室关于印发《国家义务教育质量监测方案》的通知(国教督办〔2015〕4号). 2015 - 04 - 15[2021 - 04 - 11]. http://www.kmsx.com.cn/news_show.aspx?id=547.

设计教育监测基础设施

实施国家监测有赖于政府内外部的能力建设。提高机构能力的方法也有纵向和横向两种。中央政府设立国务院教育督导委员会办公室指导和协调国家监测政策的实施,同时地方各级政府的教育督导部门参与实施,分工负责,这构成了能力建设的纵向方式。此外,中央政府可以采取横向方法开展国家监测,聘请由外部研究团体支持的专业监测机构参与开发工具、收集数据、起草报告和开展技术培训。

让研究团体参与教育监测过程,可以帮助政府提高研究能力,制定科学的监测方法,加强对有效政策建议循证结果的解读,这有助于向政府问责。为了在让研究团体参与监测过程的同时确保问责,明确每个参与者的责任是至关重要的。

中国中央政府协调了一系列研究资源,与一所公立大学合作成立了教育部基础教育质量监测中心。该研究中心由教育评估和监测方面的研究人员和专家组成,其任务是拟定基础教育质量监测标准;研究开发基础教育质量监测工具;实施国家基础教育质量监测工作;为各地开展基础教育质量监测工作提供技术支持和业务指导。为了支持国家监测的成功执行,各级政府分配了不同的责任,共同构成了全面的监测基础设施(见图 6.9)。

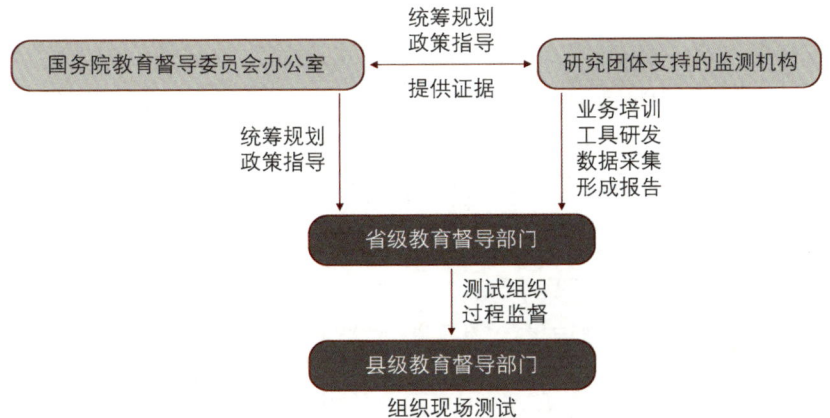

图 6.9 中国教育体系评估中的横向和纵向合作

资料来源:国务院教育督导委员会办公室(2015),国务院教育督导委员会办公室关于印发《国家义务教育质量监测方案》的通知(国教督办〔2015〕4 号). 2015-04-15[2021-04-11]. http://www.kmsx.com.cn/news_show.aspx? id=547.

许多教育体系使用国家监测来提供基于表现的问责。与中国一样,大多数 OECD 国家为小学生和初中生组织国家监测。数学、国语、科学和现代外语是许多教育体系中最常被纳入国家监测的学科(OECD,2011b)(见图6.10)。就中国而言,外语不包含在国家监测中。在水平划定方面,包括中国在内的许多教育体系采用标准参照测验。常模参照测验是用来比较测试者之间的差异,也是一些OECD国家监测常见的评分类型。

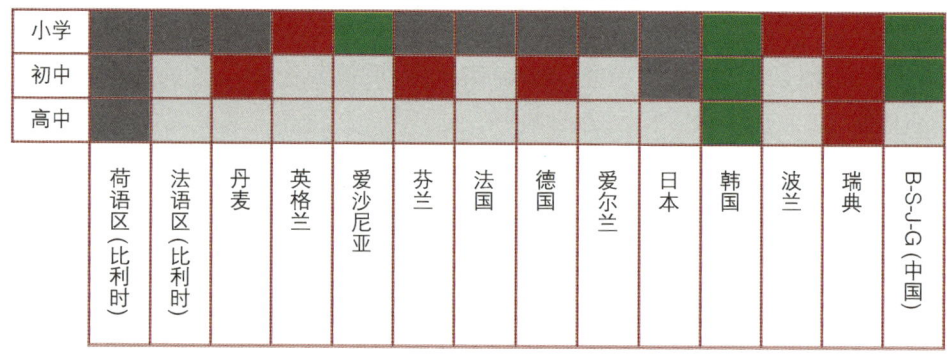

图6.10　2009年选定的表现优异的教育体系中存在的国家监测情况

资料来源:Adapted from OECD(2011b), "How Are Schools Held Accountable?", in *Education at a Glance 2011: Highlights*, OECD Publishing, Paris, https://doi.org/10.1787/eag_highlights-2011-33-en.

在许多教育体系中,中央一级的权威机构通常会对国家监测进行设计和评分。相比之下,中央政府设计国家监测,大学研究机构负责开发、管理和编写监测报告。在荷语区(比利时)也可以看到研究团体参与监测过程的情况。此外,在中国,省级教育督导部门也参与了国家监测,按中央政府的规定承担两项主要职责:负责本地区的测试组织和过程监督。在俄罗斯联邦也观察到各级政府的横向参与(OECD,2011b)。

关于中国的国家监测结果,产生了三种类型的监测报告:国家监测报告、分省监测报告和基础数据报告。国家监测报告主要呈现全国学生学业水平总体状况,该报告向社会公开。分省监测报告则分省(区、市)呈现学生在学科领域的表现水平,只提供给各地政府和教育部门参考。基础数据报告主要呈现以县为单位的原始数据汇总,供监测评价机构内部分析使用。然而,虽然教师、家长和学生都可以查阅国家监测报告,但该报告并不报告学生个体或不同群体的学生表现。相比之下,在22个OECD国家中,有14个国家直接向教师、家长和学生分享国家监测结果(OECD,2011b)。

学校治理和学校自主管理

学校体系的治理方式决定了责任如何分配给学校内外的利益相关者，直接影响学校环境和教学质量。在过去的几十年里，有一种越来越强烈的趋势要求在治理过程中给予学校更多的自主权。原因之一是校长和教师作为提供教育的合格专业人员，能够正确判断哪些学习内容、教学方法和学校管理方式最适合学生的学习需求。如果有更多的自主权，学校也能对具体情况和当地需求作出更积极的回应。

然而，学校自主管理本身并不有效。它需要从整个体系的角度，要考虑一系列系统条件。基于对各国在学校自主管理实践的经验证据分析（OECD，2018）表明，强有力的国家框架、明确的战略目标、适合学校领导和教师的培训、健全的问责和合作环境共同构成了成功实现学校自主管理的重要基础。

中国的学校治理

尽管在过去的几十年里教育权力下放，但在世界各地不同的教育体系中，各层面利益相关者的责任分配仍存在显著差异。来自 B-S-J-G（中国）的证据表明，与校长、教师、学校管理委员会和中央政府相比，地方教育行政部门在学校资源、课程设置和批准学生入学方面承担着更大的责任（见图 6.11）。在学校政策方面，与其他利益相关者相比，B-S-J-G（中国）的学校管理委员会在制定纪律政策和学生监测政策方面承担最大的责任（见图 6.11）。

一般来说，相较于 B-S-J-G（中国），OCED 国家平均有更高比例的学生就读于校长负责资源分配（如聘用和解雇教师，制定学校预算），制定学校政策和决定提供哪些课程的学校。相对而言，B-S-J-G（中国）的校长在履行这些职责方面的作用是有限的。

在 B-S-J-G（中国），教师的责任也相对有限。在 OECD 国家中，平均约有 82％的学生就读的学校教师可以选择课堂上使用的教科书，而在 B-S-J-G（中国），这一百分比仅为 14％（OECD，2016）。从校长、教师和学校管理委员会的共同承担的责任来看，B-S-J-G（中国）的整体学校自主管理程度低于 OECD 均值的学校自主管理程度（见图 6.12）。

154 - 对标中国教育体系的表现：OECD 中国教育质量报告

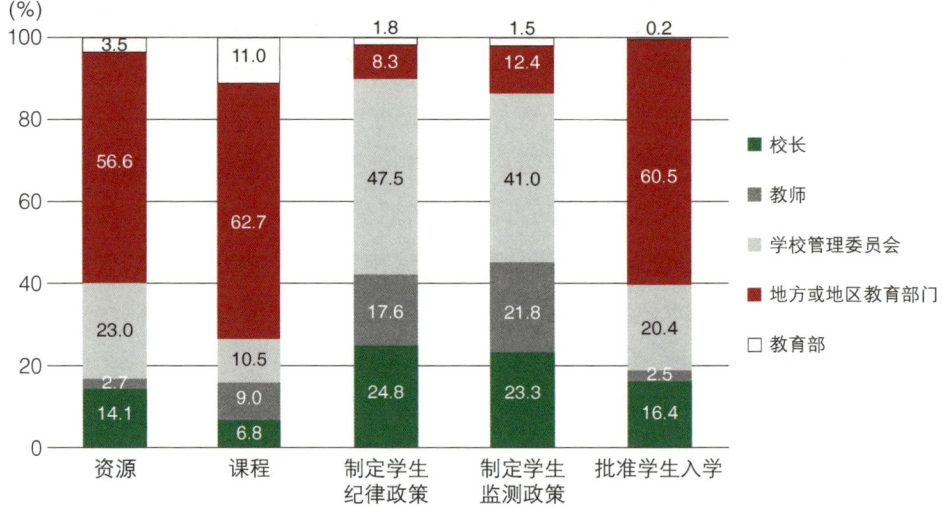

图 6.11　2015 年 B-S-J-G(中国)各参与主体的学校治理责任

注：数据限于中国四个地区：北京、上海、江苏和广东。

资料来源：OECD（2016），*PISA 2015 Results (Volume II)：Policies and Practices for Successful Schools*，PISA，OECD Publishing，Paris，https：//doi.org/10.1787/9789264267510-en.

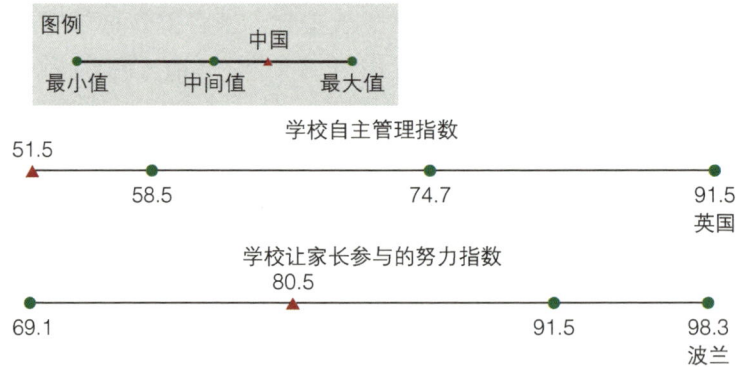

图 6.12　中国和选定的表现优异的教育体系中学校
　　　　 自主管理与家长参与的比较

注：中国的数据仅限于四个地区：北京、上海、江苏和广东。学校自主管理指数是以校长、教师或学校管理委员会承担有相当大责任的任务所占百分比来计算的。学校让家长参与的努力指数是以适用于学校的相关陈述的百分比来计算的（也见图6.13）。

资料来源：Adapted from OECD（2016），*PISA 2015 Results (Volume II)：Policies and Practices for Successful Schools*，PISA，OECD Publishing，Paris，https：//doi.org/10.1787/9789264267510-en.

在分析学校自主管理与学生科学表现之间的关系时，B-S-J-G（中国）的学生在自主管理水平较高的学校里，科学表现更好。然而，在控制学生的社会经济背景后，学校自主管理和学生科学表现之间的差异不再显著（OECD，2016）。这一模式在许多表现优异的教育体系中也存在，包括爱沙尼亚、芬兰、德国、韩国、新西兰、挪威和新加坡。

让家长和其他利益相关者参与治理过程

在许多分权的教育体系中，政策制定过程的决策能力依赖于不同利益相关者共同构建的知识。家长和学生是教育服务的主要利益相关者，他们参与教育治理有助于制定更符合当地情况和学生学习需求的政策和措施。学校、地区社区、教师工会、研究机构和私人机构等更广泛背景下的其他利益相关者都可以作为各种知识和信息的渠道，从而有助于教育治理的能力建设和问责建设。

在过去十年中，许多教育体系制定教育政策最普遍的趋势之一是让各利益相关者参与决策。这些教育体系采取了许多策略来实现利益相关者的有效参与。这些策略包括让家长参与学校活动合法化，鼓励学校网络化和同伴学习，以及让私人参与者参与学校运作过程（OECD，2019c）。

在中国，家长参与学校决策尚未在国家体系内合法化。但是教育部公布了指导方针和《义务教育学校管理标准》，鼓励学校设立家长委员会（教育部，2017）。家长委员会成为促使家长参与学校治理过程的催化剂。世界上许多其他教育体系也进行了类似的努力。例如，在丹麦和韩国，家长选举家长代表参与学校管理委员会。在加拿大等国家，家长已经成为学校董事会的重要组成部分，不仅负责一所学校，而且负责整个学校网络（OECD，2016）。

PISA 2015 的证据揭示了中国家长参与决策过程的情况。在 B-S-J-G（中国），大约三分之一的学生就读于行政部门要求家长参与学校活动的学校。这一比例不到 OECD 均值的一半（OECD，2016）。只有大约一半的学生就读的学校将家长纳入学校决策过程（见图 6.13）。

回归分析进一步显示，B-S-J-G（中国）学校让家长参与学校决策的可能性在很大程度上取决于是否存在关于家长参与的立法（OECD，2016）。B-S-J-G（中国）的学校更倾向让家长参与信息活动，而不是努力让家长直接参与决策

（见图6.12）。这些努力包括：为家长营造欢迎和接受的氛围；设计有效的家校交流形式；为家庭提供如何帮助学生在家里完成家庭作业的信息（见图6.13）。

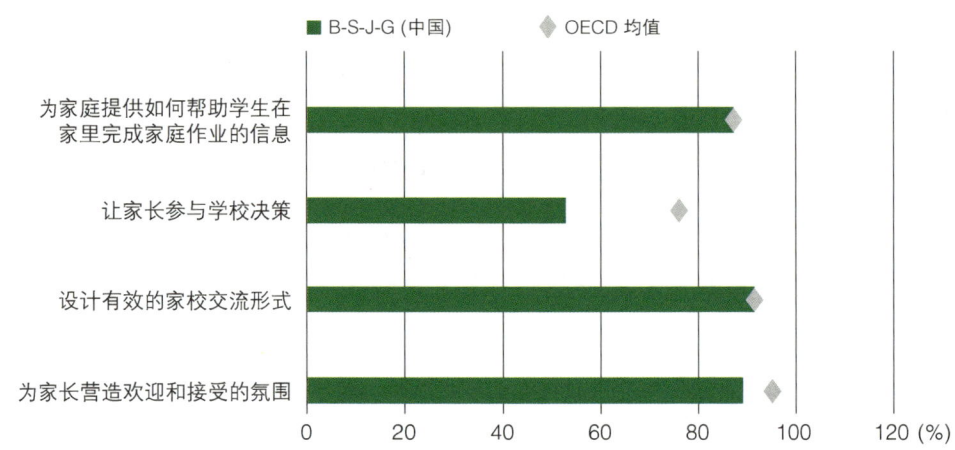

图6.13　2015年中国和OECD国家中就读于采取以上措施来提高家长参与度的学校的学生所占百分比

注：中国的数据仅限于四个地区：北京、上海、江苏和广东。
资料来源：Adapted from OECD (2016), *PISA 2015 Results (Volume Ⅱ): Policies and Practices for Successful Schools*, PISA, OECD Publishing, Paris, https://doi.org/10.1787/9789264267510-en.

在当今的教育治理方式中，让当地雇主和私营机构参与决策过程变得越来越普遍。通过与当地雇主和私营机构的合作，教育政策可以更好地契合当地需求，并配合特定目标，通过共同努力能够更有效地推行。

例如，世界各地的许多职业教育和培训方案促进与当地雇主和私营机构的合作，使学校能够与当地雇主和私营机构合作，发展出一种结合学校学习与基于工作的学习的"双轨制"。在丹麦，几乎所有的职业方案都提供学校-工作一体化学习，当地雇主和私营机构经常与学校合作构建课程框架（OECD, 2019d）。

同样，让私营机构和当地雇主参与是中国的一项优先政策。教育部发布了指导方针，鼓励和促进职业学校与当地雇主和私营机构建立伙伴关系（Kuczera and Field, 2010）。然而，关于利益相关者如何参与的数据很少。在决策过程中，缺少规范利益相关者的角色和责任的正式机制，这可能降低伙伴关系的有效性，并危及政策效果。

紧急情况下的教育治理

正如全世界在 2020 年所经历的，不可预测的危机和灾难冲击着教育体系，并对学生的学习造成毁灭性的后果。建立紧急情况下的复原力是当今世界教育体系必须发展的一项重要技能，以更好地应对未来的不确定性。2020 年的新冠肺炎疫情危机导致全球学校停课，预计对全球 90% 以上的学生造成破坏性后果（UNESCO, 2020）。这是全球教育体系遭受的最严重的灾难之一。目前许多国家政府都在努力将破坏性影响降至最低，并保护学生的学习权利。

在新冠肺炎疫情危机期间，中国是第一个在全国范围内实施学校停课（不停学）的国家，也是在认为疫情得到控制后，最早制订学校复课计划的国家之一。作为对危机的"早期反应者"的教育体系，中国为教育治理如何使其长期目标适应紧急情况的需求提供了一些证据、实践和见解。本节简要回顾了如何计划、组织和实施危机治理体系，以应对突发和意外的挑战。

实践 1　学校停课：平衡健康需求与教育优先

在新冠肺炎疫情爆发初期，中国教育部实施了全国范围内的学校停课（不停学），同时封闭了湖北省几个城市的对外交通。这发生在 2020 年 1 月底。学校停课（不停学）覆盖了整个教育体系，据估计，这影响了中国 2.78 亿学生。

支持学校停课（不停学）的理论假设是学龄儿童通常具有较高的人际接触率，这可能增加新冠病毒的传播。与以往流行病不同，感染新冠病毒的人可能不会出现任何症状。一所学校中未被发现的感染病例可能会在不被发现的情况下，将病毒传染给更大范围的学生群体，从而导致疫情爆发。

2020 年晚些时候爆发新冠肺炎疫情的国家也采取了全国学校停课的措施，如意大利、西班牙和法国。其他国家采取了地方性措施，由地方政府自行决定当地学校停课与否，如加拿大和美国。只有几个国家保持学校正常上课，包括土库曼斯坦和白俄罗斯。新冠肺炎疫情期间，各教育体系管理学校的方法不同，反映了教育治理采用不同战略，以适应不断变化的环境，并在短期和长期优先事项之间取得平衡。

在应对紧急优先事项和长期教育目标之间取得平衡，是在紧急情况下实现有效治理的关键。关于学校停课和重新复课的决定显示了学生教育收益与学生健康和幸福感之间的艰难平衡（OECD，2020a）。平衡健康需要和教育目标不可避免地涉及权衡。应从不同来源和各级教育的利益相关者那里收集信息和证据，以便作出"正确"和及时的选择和权衡，这比以往任何时候都更加重要。收集这些信息丰富了应急反应的知识库，有助于决策者更有效地通报或调整决策。

实践 2　能力建设：构建国家级在线教育平台

为了把学校停课对学生学习造成的影响降到最低，教育体系需要迅速采取行动，制定策略，保证课程提供的连续性，并确保每位学生都有学习机会，即使是社会经济背景处境不利的学生。但是光有策略是不够的。数百万学生失去上学机会的紧急情况，要求教育体系协调学校以外的资源，调动服务和资源，最大限度地提高实施策略的系统能力。

在封闭的环境中，技术成为连接学习者和学习机会的桥梁。因此，对学生和教育工作者来说，在线学习环境变得比以往任何时候都更加重要。在新冠肺炎疫情的早期阶段，中国教育体系开始在国家、地方和学校层面统筹在线学习资源，目的是整合现有的所有学习资源，并在一个综合的、全国性的在线学习平台上公开。教育部牵头建立了一个全国性的在线平台，也要求地方政府负责开发和提供适合当地情况的新型在线学习课程（教育部，2020b）。

互联网接入是学生获取在线学习资源的基本条件之一。然而，一些地区的互联网接入有限，这可能导致教育不平等的差距扩大，使社会经济背景处境不利的学生更加落后。为了解决这一问题，中国教育体系与电视台建立横向联系，通过国家电视频道和地方电视频道传播学习资源，如录播课和直播课（见图 6.14）。

这样的能力并不是一天形成的。中央和地方各级政府之间有效的信息与通信技术资源协调，需要时间和精力进行规划、实践和优化。从 2012 年开始，

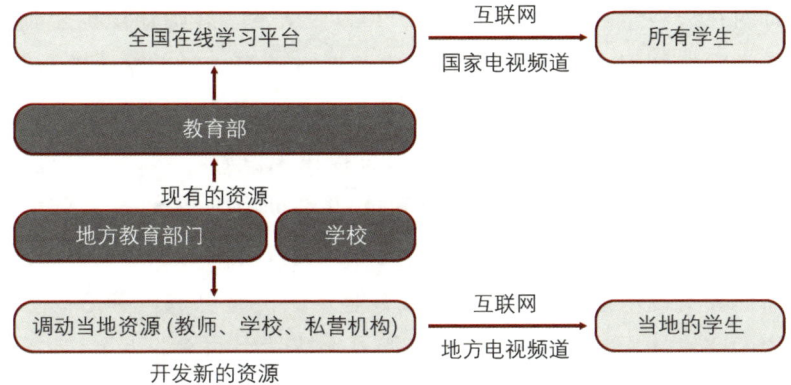

图 6.14　中国教育体系在新冠肺炎疫情期间如何发展提供在线学习的能力

资料来源：教育部(2020b)，利用网络平台，"停课不停学"．2020-01-29[2021-04-11]．http://www.moe.gov.cn/jyb_xwfb/gzdt_gzdt/s5987/202001/t20200129_416993.html.

中国提出《教育信息化十年发展规划（2011—2020 年）》(教育部，2012)。在这一规划中，中国提到了到 2020 年实现以下目标的任务：(1) 基本建成人人可享有优质教育资源的信息化学习环境；(2) 基本形成学习型社会的信息化支撑服务体系；(3) 基本实现宽带网络的全面覆盖；(4) 教育管理信息化水平显著提高；(5) 信息技术与教育融合发展的水平显著提升。这份十年发展规划为中国教育信息化能力的发展奠定了坚实基础，为新冠肺炎疫情期间中国教育治理能力建设作出了贡献。

实践 3　变革管理：让利益相关者参与进来，细化其职责并使之适应

学校停课，将学习环境从学校转移到家庭，从面对面变成了虚拟环境。这也意味着利益相关者参与治理过程的转变和变化。教师不能再像在课堂上那样规范学生的行为，家长必须承担起监督孩子参与学习和取得进步的责任。同样，由于学校无法提供充分的教育服务，应鼓励私营企业和其他利益相关者介入并共同承担责任。

新冠肺炎疫情期间，中国教育部采取了多项举措，以应对利益相关者参与教育的情况不断变化的局面。一项举措是提供直接支持，确保利益相关者能够参与治理进程。例如，教育部在中央和地方组织教师在线培训和合作学习，

增强教师对在线教学的了解(教育部,2020a)。从发展教师知识扩展到促进教师和家长之间的知识交流和合作,这在一些地方政策中被明确列为优先事项。具体而言,中国许多地区要求教师或学校向家长提供使用在线学习资源的指导,让家长了解课程和教学计划,并向家长提供家庭辅导建议。反过来,家长们被敦促向教师提供关于他们孩子的反馈,并帮助教师实施学习活动,进行家庭作业和家庭测评(祝智庭,郭绍青,吴砥,刘三妤,2020)。

在新冠肺炎疫情期间,为教师提供专业发展机会已成当务之急。由于对学生健康的突发性影响,教师不仅要有能力支持学生的学业发展,还需要应对学生的社会情感能力和幸福感。此外,教师可以促进家长和学生参与学校决策和治理过程。然而,根据OECD最近的一项调查,只有60%接受调查的政府代表表示,他们的教师得到了专业发展机会(OECD,2020a)。

新冠肺炎疫情在中国流行期间,政府与科技公司合作在提供教育服务方面发挥了显著作用。过去十年里,教育与其他社会机构之间的伙伴关系得到了发展。《教育信息化十年发展规划(2011—2020年)》(教育部,2012)的目标是,到2020年建成支持学习的教育信息化体系。《中国教育现代化2035》(中共中央,国务院,2019)继续高度重视创新教育服务市场。在政府支持和市场激励下,科技行业在新冠肺炎疫情期间提供在线和数字服务,迅速成为支撑教育体系的主导产业。此外,它将信息联系在一起,促进了各利益相关者的反馈,大大加强了紧急情况下的教育问责。例如,在线教学应用程序允许家长观察或参与教学过程,让家长了解情况,并促进教师和家长之间的对话。一些数字服务,如在线测试和评分,收集了学生的表现数据,同时减少了教师的工作量。

结论

上述实践只是在新冠肺炎疫情第一阶段,在中国教育治理中观察到的几个具有代表性的模式。虽然新冠肺炎疫情在中国的传播已稳步下降,学校也逐步开学,但中国教育体系在疫情后以及未来长期保持学习的连续性方面仍面临诸多挑战。需要制定额外的学习测评和计划,以弥补封闭期间学生无法在校学习的损失。那些面临延迟毕业和就业困难的学生需要获得支持和服务。需要进行系统的变革,利用疫情期间的创新性教学实践,扩大机构提供学习的能力。中国需要总结经验教训,继续加强与社会其他行业的合作,制定明确的、循证的政策战略,将创新作为提高教育体系可持续性的核心组成部分。

参考文献

Baker, A. et al. (2013), "Feedback and Organizations: Feedback Is Good, Feedback-friendly Culture Is Better.", *Canadian Psychology/Psychologie Canadienne*, Vol. 54/4, pp. 260-268, http://dx.doi.org/10.1037/a0034691.

Burns, T. and F. Köster (2016), *Governing Education in a Complex World*, Educational Research and Innovation, OECD Publishing, Paris, https://doi.org/10.1787/9789264255364-en.

Burns, T., F. Köster and M. Fuster (2016), *Education Governance in Action: Lessons from Case Studies*, Educational Research and Innovation, OECD Publishing, Paris, http://dx.doi.org/10.1787/9789264262829-en.

Fahey, G. and F. Köster (2019), "Means, Ends and Meaning in Accountability for Strategic Education Governance", *OECD Education Working Papers*, No. 204, OECD Publishing, Paris, https://doi.org/10.1787/1d516b5c-en.

祝智庭,郭绍青,吴砥,刘三妍(2020),"停课不停学"政策解读、关键问题与应对举措. 中国电化教育,(4),1-7.

Kitchen, H. et al. (2017), *Romania 2017*, OECD Reviews of Evaluation and Assessment in Education, OECD Publishing, Paris, https://dx.doi.org/10.1787/9789264274051-en.

Kuczera, M. and S. Field (2010), OECD *Reviews of Vocational Education and Training: A Learning for Jobs Review of China 2010*, OECD Reviews of Vocational Education and Training, OECD Publishing, Paris, https://dx.doi.org/10.1787/9789264113749-en.

Levin, H. (1974), *A Conceptual Framework for Accountability in Education*, http://www.journals.uchicago.edu/t-and-c. (accessed on 24 March 2020).

Liang, X., H. Kidwai and M. Zhang (2016), *How Shanghai Does It: Insights and Lessons from the Highest-ranking Education System in the World*, World Bank Group.

Metzler, J. and L. Woessmann (2012), "The Impact of Teacher Subject

Knowledge on Student Achievement: Evidence from Within-teacher within-student Variation", *Journal of Development Economics*, Vol. 99/2, pp. 486 - 496, http://dx.doi.org/10.1016/j.jdeveco.2012.06.002.

教育部(2020a),*教育部应对新型冠状病毒肺炎疫情工作领导小组办公室关于在疫情防控期间有针对性地做好教师工作若干事项的通知*.2020 - 02 - 10[2021 - 04 - 11]. http://www.moe.gov.cn/srcsite/A10/s3735/202002/t20200213_420863.html.

教育部(2020b),*利用网络平台,"停课不停学"*. 2020 - 01 - 29[2021 - 04 - 11]. http://www.moe.gov.cn/jyb_xwfb/gzdt_gzdt/s5987/202001/t20200129_416993.html.

教育部(2017),*教育部关于印发《义务教育学校管理标准》的通知(教基〔2017〕9 号)*. 2017 - 12 - 04[2021 - 04 - 11]. http://www.moe.gov.cn/srcsite/A06/s3321/201712/t20171211_321026.html.

教育部(2012),*教育部关于印发《教育信息化十年发展规划(2011—2020 年)》的通知(教技〔2012〕5 号)*. 2012 - 03 - 29[2021 - 04 - 11]. http://old.moe.gov.cn/publicfiles/business/htmlfiles/moe/s3342/201203/133322.html

OECD (2020a), *Schooling Disrupted, Schooling Rethought — How the COVID-19 Pandemic Is Changing Education*, OECD Publishing, Paris, http://oe.cd/il/31x.

OECD (2020b), *TALIS 2018 Results (Volume II): Teachers and School Leaders as Valued Professionals*, TALIS, OECD Publishing, Paris, https://dx.doi.org/10.1787/19cf08df-en.

OECD (2019a), *Strategic Education Governance — Project Plan and Organisational Framework*, https://www.oecd.org/education/ceri/SEG-Project-Plan-org-framework.pdf.

OECD (2019b), *TALIS 2018 Results (Volume I): Teachers and School Leaders as Lifelong Learners*, TALIS, OECD Publishing, Paris, https://dx.doi.org/10.1787/1d0bc92a-en.

OECD (2019c), *Trends Shaping Education 2019*, OECD Publishing, Paris, https://dx.doi.org/10.1787/trends_edu-2019-en.

OECD (2019d), "What Characterises Upper Secondary Vocational Education and Training?", *Education Indicators in Focus*, No. 68, OECD Publishing, Paris, https://dx.doi.org/10.1787/a1a7e2f1-en.

OECD (2018), "How Decentralised Are Education Systems, and What Does It Mean for Schools?", *Education Indicators in Focus*, No. 64, OECD

Publishing, Paris, https: //dx. doi. org/10. 1787/e14575d5-en.

OECD (2016), *PISA 2015 Results (Volume II): Policies and Practices for Successful Schools*, PISA, OECD Publishing, Paris, https: //dx. doi. org/10. 1787/9789264267510-en.

OECD (2011a), *Education at a Glance 2011: OECD Indicators*, OECD Publishing, Paris, https: //dx. doi. org/10. 1787/eag-2011-en.

OECD (2011b), "How Are Schools Held Accountable?", in *Education at a Glance 2011: Highlights*, OECD Publishing, Paris, https: //dx. doi. org/10. 1787/eag_highlights-2011-33-en.

Ross, J. and C. Bruce (2007), "Teacher Self-assessment: A Mechanism for Facilitating Professional Growth", *Teaching and Teacher Education*, Vol. 23/2, pp. 146-159, http: //dx. doi. org/10. 1016/j. tate. 2006. 04. 035.

上海市教育委员会,上海市人力资源和社会保障局(2019),*上海市教育委员会、上海市人力资源和社会保障局关于做好中小学正高级教师评聘工作的通知(沪教委人〔2019〕56号)*. 2019-12-04[2021-03-25]. http://edu. sh. gov. cn/xxgk2_zxxxgk/20201112/081f6a5acd2c4aadb6a7c9fb6e2b7c37. html.

上海市教育委员会,上海市人民政府教育督导室(2006),*上海市教育委员会、上海市人民政府教育督导室关于印发〈上海市关于深化与完善"学校发展性督导评价"工作的若干意见〉的通知*. 2005-01-25[2021-04-11]. https://www. 110. com/fagui/law_226049. html.

中共中央,国务院(2019),*中共中央、国务院印发〈中国教育现代化2035〉*. 2019-02-24[2021-04-11]. https://baijiahao. baidu. com/s? id=1626351473041230577&wfr=spider&for=pc.

国务院教育督导委员会办公室(2015),*国务院教育督导委员会办公室关于印发〈国家义务教育质量监测方案〉的通知(国教督办〔2015〕4号)*. 2015-04-15[2021-04-11]. http://www. kmsx. com. cn/news_show. aspx? id=547.

国务院(2012),*教育督导条例(中华人民共和国国务院令第624号)*. 2012-09-09[2021-04-11]. http://www. gov. cn/zwgk/2012-09/17/content_2226290. htm.

UNESCO (2020), COVID-19 *Impact on Education*, https: //en. unesco. org/covid19/educationresponse.

UNESCO (2017), *Accountability in Education: Meeting Our Commitments*, Global Education Monitoring Report, UNESCO, Paris, https: //unesdoc. unesco. org/ark: /48223/pf0000259338/PDF/259338eng. pdf.

multi. (accessed on 30 March 2020).

Vaillant, D. and G. Gonzalez-Vaillant (2016), "Within the Teacher Evaluation Policies Black Box: Two Case Studies", *Teacher Development*, Vol. 21/3, pp. 404-421, http://dx.doi.org/10.1080/13664530.2016.1259649.

辛涛(2013),我国教育问责制建立的几个关键问题.*北京大学教育评论*,11(1),164-171.

Zhang, X. and H. Ng (2017), "An Effective Model of Teacher Appraisal: Evidence from Secondary Schools in Shanghai, China", *Educational Management Administration & Leadership*, Vol. 45/2, pp. 196-218, https://doi.org/10.1177/1741143215597234.

译 后 记

中华人民共和国成立以来,教育事业的发展成就受到世界瞩目。截至 2019 年年底,我国有各级各类学校 53.01 万所,各级各类教育在校生 2.82 亿人,各级各类专任教师 1 732.03 多万人,从规模和数量上看,我国已经建立了当今世界规模最大的教育体系。在规模和数量快速发展的同时,我国教育的总体水平已经跃居世界中上行列,并建立起规模、效益、结构和质量日益完善的教育体系。从 2009 年上海以及后来其他省市参加国际学生评估项目(Programme for International Student Assessment,简称 PISA)的四轮测试结果来看,我国学生的表现都颇为优异。国际社会对我国教育发展能够取得如此突出的表现产生了浓厚兴趣,对我国教育体系及其运行的"秘密"进行了深入探讨。

《对标中国教育体系的表现:OECD 中国教育质量报告》(*Benchmarking the Performance of China's Education System*)是经济合作与发展组织(Organisation for Economic Co-operation and Development,简称 OECD)出版的一部关于中国教育体系的评估报告。报告中阐述了中国教育体系的投入和产出,介绍了中国实施的最新教育政策和实践,并对中国教育体系在学习环境、课程与教学、学生学习结果、教育治理方面的表现进行了深入分析。本报告还对中国和其他表现优异的教育体系进行了比较,揭示了中国教育体系和其他表现优异的教育体系的共性与差异,从而为世界各国的教育体系发展提供启示。

本报告的翻译具有不小的挑战。我们对原著进行通读领悟、词汇推敲、语句修饰,审慎地校对核正,在语言表达上争取做到准确且贴近原文表述。为确定高频词汇的统一译法,我们参照了教育学领域的规范表述,并查阅了各类工具书、教材及网络上的资料,咨询撰写 OECD 报告的相关领域专家,制作中英术语对照表,以便于翻译和编校。例如,在一些重要词语的翻译上,将

"benchmarking"译为"对标","high-performing education system"译为"表现优异的教育体系","cognitive activation"译为"认知激活","student-tracking system"译为"学生追踪系统","education monitoring infrastructure"译为"教育监测基础设施";对于语义区分度较低的英语词汇,如"assessment""appraisal"和"evaluation",一般分别译为"测评"(主要针对学生)、"考核"(针对教师或校长)、"评估"(主要指学校或教育系统的评估)。

本报告由研究团队精诚合作翻译而成,是整个团队相互沟通协作的成果,也是集体思维和智慧的结晶。参与本报告翻译的人员有(按照参与翻译的章节次序排序):侯浩翔、罗枭、王森、余晓畅、严凌燕、蔡群青、潘士美、郭仕。袁振国老师给予了多方面的指导。我们由衷地感谢上海教育出版社的各位同仁,为确保翻译质量,他们频繁且有效地与我们进行沟通交流,在翻译、审议和校对过程中提出了很多切实中肯的建议,在此对上海教育出版社的合作和支持表示深深的谢意。特别感谢上海教育出版社袁彬副总编、谢冬华主任、编辑孔令会老师等为本书付出的辛勤劳动。

本报告的翻译虽然凝聚了我们团队成员的心血和努力,但在翻译过程中肯定还存在不足之处,恳请各位专家和学者批评指正!

侯浩翔

2021年1月30日于华东师范大学中山北路校区

图书在版编目（CIP）数据

对标中国教育体系的表现：OECD中国教育质量报告/经济合作与发展组织编；侯浩翔等译.—上海：上海教育出版社，2021.6
（OECD教育研究与创新系列）
ISBN 978-7-5720-0901-3

I.①对… II.①经…②侯… III.①教育质量－研究报告－中国 IV.①G40-058.1

中国版本图书馆CIP数据核字(2021)第122483号

责任编辑　谢冬华　孔令会
封面设计　郑　艺

OECD教育研究与创新系列
对标中国教育体系的表现：OECD中国教育质量报告
经济合作与发展组织　编
侯浩翔　严凌燕　蔡群青　等译

出版发行	上海教育出版社有限公司
官　　网	www.seph.com.cn
地　　址	上海市永福路123号
邮　　编	200031
印　　刷	上海展强印刷有限公司
开　　本	700×1000　1/16　印张 11.75
字　　数	186千字
版　　次	2021年7月第1版
印　　次	2021年7月第1次印刷
书　　号	ISBN 978-7-5720-0901-3/G·0712
定　　价	98.00元

如发现质量问题，读者可向本社调换　电话：021-64377165

本书所表达的观点和采用的论据不代表OECD或其他成员国政府的官方看法。

本书及所包含的任何数据和地图均无意侵犯任何领土的地位及主权，不影响任何国际边界的划分，也不影响任何地域、城市或地区的名称。

有关以色列的统计数据由以色列有关当局提供并负责。OECD使用这些数据无意损害国际法条款对戈兰高地、东耶路撒冷、约旦河西岸犹太人定居点的界定。

原书由OECD以英文出版，标题为：Benchmarking the Performance of China's Education System © OECD 2020, https://doi.org/10.1787/4ab33702-en.

This translation was not created by the OECD and should not be considered an official OECD translation. The quality of the translation and its coherence with the original language text of the work are the sole responsibility of the author or authors of the translation. In the event of any discrepancy between the original work and the translation, only the text of original work shall be considered valid. © 2021 Shanghai Educational Publishing House for this translation.

本书非OECD官方译本，翻译质量及其与原著的一致性均由译者负责。若出现翻译与原文（英文）不符的情况，请以原文为准。简体中文版由上海教育出版社出版。版权所有，违者必究。

OECD出版物勘误表可从www.oecd.org/about/publishing/corrigenda.htm上查阅。

上海市版权局著作权合同登记号 图字09-2021-0271号